Dello stesso autore
(anche in ebook)

Così è l'amore
L'amore ti trova sempre
La storia d'amore che ti cambierà la vita

FRANCESCO SOLE

IL SEGRETO DELLA DONNA PIÙ FELICE DEL MONDO

Sperling & Kupfer

Questa è un'opera di fantasia. Qualsiasi riferimento a eventi storici, luoghi reali e persone realmente esistite è fatto in chiave di finzione letteraria, e comunque sempre nel rispetto delle persone citate. Altri nomi, personaggi, luoghi e avvenimenti sono frutto dell'immaginazione dell'autore e qualsiasi rassomiglianza con persone realmente esistenti o esistite, fatti o località reali è puramente casuale.

Pubblicato per

Sperling & Kupfer

da Mondadori Libri S.p.A.

IL SEGRETO DELLA DONNA PIÙ FELICE DEL MONDO

ISBN 978-88-200-7894-2

I Edizione novembre 2023

Anno 2023-2024-2025 - Edizione 1 2 3 4 5 6 7 8 9 10

Indice

Prologo

C'ERA una volta una donna «quasi» felice alle prese con un risveglio decisamente complicato.

Era uno di quei giorni in cui le scelte giuste possono solo essere inventate. Non perché non si abbia il coraggio di scegliere una direzione da percorrere, ma perché le indicazioni segnaletiche, in quei bivi, non ci sono. Sarebbe bello sapere esattamente dove ci porterà una scelta di vita piuttosto che un'altra: basterebbe un cartello stradale, e fraintendere sarebbe difficile: «Di qui troverai frane», «Da questa parte passeranno bambini», «Continuando di là sarà tutto a senso unico».

La verità, però, è che ci sono giorni in cui una donna non deve seguire i sentieri tracciati ma percorrere nuove vie.

Selene aveva aperto gli occhi di scatto, facendo un sospiro che somigliava più a uno spavento, come se fosse appena riemersa da una lunga apnea. Aveva guardato l'ora, si era sfregata le palpebre ed era scesa dal suo lato del letto.

Solo a quel punto si era resa conto di essere nuda.

«Con chi ho passato la notte?» aveva bisbigliato, quasi senza controllare la voce.

Aveva un istintivo e quasi fisico bisogno d'aria.

Vicino a lei, qualcuno si era mosso sotto le coperte.

Dopo aver indossato slip, jeans e reggiseno, che si trovavano ai piedi del letto, uscì dalla camera. Per terra vide il maglione, con dentro la maglietta.

Chiuse la porta senza fare troppo rumore e passò dal soggiorno per andare in cucina.

Posò il maglione sul tavolo vicino all'ingresso. A terra c'era la sua borsa, rovesciata. La fissò per qualche secondo, confusa, poi la raccolse. Andò in cucina e spalancò la finestra.

Aria. Finalmente poteva tuffarsi in quel respiro.

Bologna era immersa nella tipica atmosfera novembrina: un po' di nebbia, cielo grigio e asfalto bagnato dalla pioggia della notte.

Si prese tutto il tempo di cui aveva bisogno, poi si voltò nuovamente verso la stanza alle sue spalle, verso quel caos.

Come fosse sulla scena di un crimine, cercò di capire perché i vestiti si trovavano sparsi ovunque. Le serviva un motivo per quel senso di confusione, ma i pensieri la portarono inevitabilmente a ciò che l'aspettava quella mattina.

Ancora una volta sentiva di non avercela fatta. Quasi laureata, quasi in forma, quasi sposata. Quasi tante altre cose che aveva rincorso ma che non aveva mai raggiunto appieno, o forse non aveva mai avuto il coraggio di raggiungere. Negli anni era riuscita ad accettarlo, era riuscita a lasciarsi avvolgere da una vita «quasi» perfetta, anche se non somigliava a quella dei libri che leggeva e che consigliava ai clienti della sua libreria.

Era proprio quella parola, «quasi», a spaventarla. Perché la felicità di cui tanto aveva avuto paura in qualche modo sembrava essere arrivata, solo che non aveva il sapore che avrebbe dovuto avere. Mancava sempre qualcosa…

Aveva affrontato anni duri, e ora che poteva finalmente tirare un sospiro di sollievo le sembrava che nulla di tutto ciò che aveva costruito, ottenuto, conquistato, fosse abbastanza.

Forse non c'era qualcosa «che non andava», ma qualcuno. Non era il mondo che la circondava a essere sbagliato; era lei l'ingranaggio rotto.

Forse per quello non riusciva a essere felice.

1.

Il caso non è mai un caso

Il giorno prima era martedì.

Tutto iniziò come al solito con la sveglia. Fastidiosa ma necessaria. Selene guardò per qualche istante Filippo prima di dargli un bacio e dirgli il solito: «Buongiorno, amore mio».

Andò in cucina, si preparò un caffè e mangiò qualche biscotto di fretta. Poi, dopo averlo salutato, si infilò il cappotto e uscì di casa per andare ad aprire la libreria, senza sparecchiare la tavola perché «tanto Filippo può fare con calma». Il loro patto era che se uno preparava la colazione l'altro metteva poi tutto a posto. Compromessi d'amore.

Pedalò da casa sua fino in centro, dove sotto i portici si trovava la meravigliosa *Libreria Vanni*.

Come spesso le capitava, e quel giorno ancora di più, ripensò a suo nonno, a quell'omone così buono, ingenuo solo in apparenza, che si chiamava Vanni Bernard. Voce molto calda e un indelebile accento francese, era venuto in Italia dopo la seconda guerra mondiale. Dopo aver venduto tutto e lasciato Parigi, era arrivato nel cuore dell'Emilia, aveva comprato per pochi soldi un locale nel centro storico di Bologna e ci aveva aperto una libreria. La *Libreria Vanni*. Con il suo stile apparentemente caotico ma allo stesso tempo curato, i suoi quasi ottant'anni di storia e gli scaffali alti fino al soffitto, era ancora una delle più apprezzate librerie indipendenti della città. Quando l'aveva aperta, il nonno non avrebbe mai immaginato che sarebbe poi passata di generazione in generazione, fino ad arrivare a Selene.

Il rumore delle serrande all'ingresso la riportò alla realtà. Entrò e accese tutto, dai computer alle luci, aprendo poi le finestre al secondo piano. Lasciò come al solito il cartello TORNO SUBITO per puro scrupolo e andò a prendere un cappuccino per sé e per le libraie che lavoravano per lei e che da lì a poco sarebbero arrivate: prima Federica, poi la consueta ritardataria Cinzia. Posò i cappuccini in cassa e andò nel retro con la sua tazza ad aspettare il corriere con gli arrivi del martedì.

Tutto esattamente come al solito. Ma anche se cercava di comportarsi come se nulla fosse, Selene sapeva che quel martedì non era il solito martedì. Quello che stava per succedere aleggiava nell'aria da settimane, in un misto di tristezza, sollievo, rabbia e malinconia.

Passò la mattina a fare con Cinzia l'inventario, finché arrivò il momento della pausa pranzo, durante la quale iniziarono tutte insieme a chiacchierare delle nuove uscite, consapevoli che per loro sarebbero state le ultime. I pranzi del martedì, giorno di uscita delle novità della sua casa editrice preferita, avevano un sapore particolare, e Selene decise di non rinunciarvi. In fondo era sempre stato così, lì dentro. Non erano solo i libri, era proprio quel luogo: dentro la *Libreria Vanni* Selene sapeva ritrovare la strada e se stessa. Era così fin dall'inizio.

Dopo pranzo presero un caffè, mentre Federica riapriva l'ingresso. Per un attimo Selene si rivide più giovane tra quelle pareti. Lei che sfogliava le novità, lei che ordinava gli scaffali. L'emozione della prima volta in cui si era occupata della vetrina natalizia… Rimase incantata di fronte alla vetrina per qualche istante, ripensando a quel momento.

Aveva diciannove anni ed era stata lasciata dal suo primo fidanzato. Suo padre l'aveva vista piangere nel retro mentre sfogliava un libro.

«Cos'hai, Selene?»

«Niente, papà. È questo libro che mi fa piangere.»

«No, tesoro, non è per quello. Hai voglia di dirmi la verità?»

«E tu come lo sai?» aveva chiesto lei, mentre singhiozzava.

«Be', un po' perché sono tuo padre, un po' perché hai tra le mani una guida culinaria della Turchia.»

Era la prima volta che un ragazzo le spezzava il cuore, ma fu anche la prima in cui suo padre le chiese di preparare la vetrina natalizia, da sempre un suo sogno.

Concediti di mettere qualche «punto sereno».
Non è la fine di un capitolo, né un punto e a capo.
Un punto sereno è quello che segni
senza amarezza o risentimento.
È un punto in cui trovi la forza di ricominciare
da dove ti eri fermata,
là dove avevi smesso di essere felice.

Selene trascorse il resto del pomeriggio dividendosi tra la cassa e la revisione dei conti assieme a Federica, saltando avanti e indietro per la libreria come una pallina da tennis.

Alle sette Federica e Cinzia erano già uscite; anzi, erano già state congedate da Selene per evitare melodrammi (si sarebbero riviste, anche se non più tra quegli scaffali). Adesso mancava un'ora alla chiusura, poi sarebbe tornata a casa anche lei, dove l'avrebbe accolta Filippo, il suo adorabile «futuro-marito», che il martedì rientrava dalla consueta partita di calcetto con gli amici. Rimanere da sola, di tanto in tanto, non le dispiaceva. Ufficialmente la libreria chiudeva alle otto di sera, ma non essendoci un gran viavai dopo le sette, spesso Selene iniziava a spegnere le luci del secondo piano e a chiudere le serrande.

Quella sera, però, l'ultima sera, si era incantata a leggere un libro appena uscito, e sebbene le luci al piano superiore fossero spente, alle otto tutte le vetrine del pianoterra erano ancora accese. Si era immersa nel romanzo di uno scrittore portoghese al quale non avrebbe dato un euro, ma che contro ogni aspettativa la stava catturando. Era incantata da quelle pagine e sarebbe rimasta in quella sua bolla per altri quattro capitoli, prima di accorgersi dell'orario. Purtroppo, o per fortuna, qualcosa la distrasse.

Come accade che due sconosciuti si incontrino?

Selene era persa in quel libro, finché qualcosa non la riportò alla realtà.

Quella sera il campanello della porta d'ingresso della libreria venne accompagnato da qualcosa di molto piacevole, un profumo che la incuriosì. Staccarla da una pagina non era impresa facile, nemmeno durante l'orario di lavoro.

Alzò lo sguardo e vide un uomo tra i trenta e i quarant'anni che, senza lasciarsi distrarre dalle novità ben esposte, puntò dritto verso di lei, appollaiata sullo sgabello dietro la cassa.

Occhi verdi, capelli lunghi pettinati dietro le orecchie, barba castana, leggermente brizzolata e incolta. Sembrava essere uscito da una pagina del libro che Selene stava leggendo.

«Buonasera. Mi serve un libro», le disse mentre si toglieva un paio di occhiali da vista sottili ed eleganti, probabilmente un vecchio modello di Cartier rivisitato. Li ripiegò nel portaocchiali, che a sua volta infilò nel cappotto, e posò a terra la ventiquattrore che aveva in mano.

Selene stava per aprire bocca, quando il telefono del negozio iniziò a squillare.

Si voltò per tirare su la cornetta, poi fece un cenno al cliente, come per scusarsi.

«Pronto?» rispose poi, stupita che qualcuno la chiamasse a quell'ora.

«Amore, perché non rispondi al cellulare?» replicò una voce dall'altro lato.

«Ciao, Filippo...» Selene si girò per dare le spalle all'uomo e abbassò leggermente la voce. «Scusami, l'avrò dimenticato in borsa.»

«Non ti preoccupare», continuò la voce gracchiante. «Fai con calma. Ti volevo solo dire che stasera torno più tardi del solito. Dopo il calcetto raggiungo i colleghi perché dobbiamo festeggiare. Alberto si sposa.»

«Ma come?!» disse Selene scocciata. Lanciò uno sguardo imbarazzato al cliente per mimargli uno: «Scusi un secondo». Poi tornò alla sua conversazione. «Dovevamo cenare insieme!»

«Vabbè amore, facciamo un'altra volta... Anche per me, anzi per tutti noi in studio, è stata una sorpresa. Non possiamo fare diversamente...»

«Lo sai che domani è un giorno difficile...»

«Non torno tardi, amore. E sai che domani vengo con te dal notaio. Mica ti lascio sola.»

«Lo so, ma è una cosa importante e... » Si girò nuovamente per sorridere al cliente, poi alla cornetta si lasciò scappare un: «Una parte di me non so se è convinta...»

Filippo la interruppe: «Selene, sono mesi che ne parliamo. Non c'è tempo per fare passi indietro. Non ci pensare, ora. Io sto un po' con gli altri poi torno a casa, ok?»

«Sì, hai ragione… Vorrei solo…»

«Cosa?»

«No, non fa niente. Lascia stare, tutto a posto.»

«Dai, ci sentiamo dopo, amore! Ti scrivo quando sto tornando, ok?»

«Ok. Ciao. A dopo.»

Riattaccò, fece un lungo respiro, poi si girò con un coraggioso, quanto finto sorriso stampato in faccia. «Eccomi. Mi scusi, come posso aiutarla?»

L'uomo la guardava. Sembrava molto serio, e ripeté le stesse parole di pochi minuti prima: «Mi serve un libro».

Selene fu come travolta dallo sconforto. O forse era già malinconia. Sentì improvvisamente sulle spalle il peso di ciò che avrebbe dovuto affrontare l'indomani. Aveva provato a far finta di niente, e da tempo lo stava facendo molto bene, però prima o poi fingere non sarebbe più servito e le sue scelte avrebbero avuto la meglio. Quel momento era arrivato.

Non sarebbe stata una notte facile: stava per chiudere un capitolo enorme della sua vita, per non riaprirlo mai più. E non c'erano giri di parole a cui aggrapparsi, una frase da cui pescare il coraggio.

«Mi serve un libro…» ripeté l'uomo, questa volta quasi sorridendo per la situazione.

«Be', direi che si trova nel posto giusto!» provò a recuperare Selene. «Ne può trovare anche più di uno…»

continuò, allargando le braccia come per indicare l'intera libreria.

«Non è un giorno qualunque.»

«No, in effetti non lo è. Per nulla...» rispose Selene, sospirando.

«Scusi?»

«Mi perdoni...» Staccò velocemente lo sguardo dagli occhi del cliente e li abbassò sulla tastiera del computer. «*Non è un giorno qualunque*. Il libro. Certo, vediamo se abbiamo ancora delle copie», disse, mentre digitava il titolo nella barra di ricerca.

«Esatto...» rispose distrattamente lui, guardandosi attorno.

«Mi scusi, è stata una giornataccia...»

«Non si preoccupi, capita.»

«Sto cercando di...»

Lui la interruppe: «Davvero, non deve giustificarsi. Dal tono della chiamata immagino che quel 'non fa niente' in realtà faccia qualcosa.»

«Ha origliato?» chiese Selene, tra il serio e lo scherzoso.

«Origliare significa ascoltare di nascosto. L'ho sentita, è diverso.» Aveva una voce molto calda, che andava sciogliendosi.

«Ma perché?!» disse Selene con lo sguardo fisso sul monitor.

«Sarebbe ridicolo far finta di non averla sentita. Sono qui di fronte...»

«No, scusi, non ce l'avevo con lei. Sto cercando di capire se abbiamo il titolo che mi ha chiesto», continuando a digitare sulla tastiera. «Qui c'è qualcosa che non va, il database sembra impazzito. E comunque quello, mi perdoni, era più origliare che ascoltare.»

«Può darsi», cedette lui, sorridendo, «ma lei aveva un tono scocciato, quasi preoccupato.»

Selene alzò lo sguardo verso di lui, con un'espressione a metà tra l'offeso e il divertito. Non sapeva quanto concedere e quanto ritrarsi. «Psicologo?» domandò, puntandogli l'indice contro, per sostenere il gioco.

«Sono più una specie di suo collega, diciamo.»

«Un collezionista di 'non fa niente' anche lei?»

«No. Purtroppo per me non amo nascondermi dietro i 'non fa niente'.»

Lei lo fissò per qualche istante. «Tutti nascondiamo qualcosa.»

Lui, per la prima volta in imbarazzo, si affrettò a dire: «Intendevo collega nel senso che… Lei vende libri, no?»

Selene sorrise. «A quanto pare…» Poi però aggiunse: «Anche se ancora per poco. Sto per mollare tutto».

«Mi dispiace…»

«Perché le dovrebbe dispiacere? Forse non è un male.»

Il suo sguardo su di lei si fece più profondo, come se la stesse scrutando attentamente, indeciso se continuare quella conversazione o ringraziare e andarsene. E pazienza per quel libro.

«Ci sono proposte che è da stupidi rifiutare», continuò Selene.

«Per come la vedo io la passione non ha prezzo. Mi perdoni, ma l'ho vista leggere così intensamente quel libro, quando sono entrato, che credevo di avere davanti una persona che ama i libri più di ogni cosa. Non è così?»

Lei si prese qualche istante prima di rispondere. «Sì, certo, ma... Cambiare fa bene, ogni tanto... Chiudo la libreria, affitto i locali e...»

«E?»

«E mi dedicherò a quello che mi piace davvero. Avrò tantissimo tempo libero.»

«E qual è la cosa che le piace davvero?»

Leggere e consigliare agli altri che libri leggere, pensò Selene. In fondo era quello che aveva sempre fatto, ma non ebbe il coraggio di confessarlo. «Trovato», disse, con il tono sbrigativo di chi cerca una scusa per cambiare discorso. Si schiarì la voce e spiegò meglio: «È fortunato. Dovrei avere ancora una copia al secondo piano». La sua voce ora era debole, smorzata da un pizzico di tristezza. «Gliela vado a prendere», e quasi senza guardarlo si avviò in direzione della scala.

«L'accompagno di sopra», disse l'uomo, prendendo la ventiquattrore prima di seguirla.

«Come vuole...» rispose lei. Ora non aveva più tanta voglia di parlare con quel tipo, che aveva un che di penetrante e di gelido, nonostante la voce calda.

Cominciarono a salire le scale, ma Selene non era neanche a metà quando scivolò all'indietro come se avesse messo il piede su una lastra di ghiaccio. Per fortuna lui le era rimasto dietro e riuscì a prenderla appena in tempo. Si ritrovarono entrambi a terra – Selene sdraiata sul suo cliente come sopra un cuscino – circondati dai fogli e dai fascicoli svolazzati fuori dalla ventiquattrore.

«Sta bene?!» chiese lei preoccupata, ma più che altro imbarazzata.

«Sì, tutto ok», rispose lui, affrettandosi a raccogliere il contenuto della valigetta prima ancora di rimettersi in piedi. «A questo punto però credo possiamo darci del tu.»

Selene si alzò di colpo, rossa come un pomodoro. «Sì. Ti sono caduta addosso, scusami. Ecco, lo sapevo!» protestò mentre solo in quel momento si accorgeva del cartello ATTENZIONE PAVIMENTO BAGNATO. «Questa è Cinzia che lava le scale e lascia il cartello dove non lo vede nessuno.»

Ricominciarono a salire i gradini e questa volta arrivarono in cima senza imprevisti.

«Quindi anche lei... Tu, scusa... Anche tu vendi libri?»

«Non proprio. Diciamo che anch'io vendo storie.»

«Che tipo di storie?»

Stavano attraversando quella stanza tappezzata di libri.

«Vediamo...» rifletté lui, passando la mano sulla barba. «Sono storie che non si leggono ma si guardano.»

«Film? Lavori per il cinema!» disse lei alla fine davanti a una porta di legno semiaperta che dava su una scalinata piccola e molto ripida.

«Le storie che vendo io non le guardi al cinema. Più a casa.»

«Ho capito, lavori per Netflix o cose del genere?»

«Acqua.»

«Come acqua?» protestò Selene. «Ora entriamo nel sottotetto. Stai attento alla testa.»

Lui si chinò. «Cosa sono queste, le segrete?» sussurrò mentre saliva le scale a testa bassa.

«Una specie. È qui che teniamo i libri non esposti... Ci sono! Opere d'arte, vendi quadri e cose del genere!»

«Brava! Sono un *art dealer*, anche se io preferisco ancora chiamarmi mercante d'arte.»

Arrivarono in una saletta rettangolare che stava in cima alla scalinata. Il soffitto era intagliato in legno d'abete, con le pareti ornate di piccole scaffalature in noce. Al centro della stanza c'era un grande mappamondo d'epoca.

«Ma questo posto è una meraviglia...»

«Sì, lo è... A proposito, piacere. Io sono Selene...» disse sorridendo. «Non ci eravamo ancora presentati!»

Lui le strinse la mano. «Riccardo Ferrari, piacere mio.»

Lei trovò quello che stava cercando. «Ecco, questo è il tuo libro. Soddisfatto?»

«Ora che ho visto questa stanza meravigliosa, come posso non esserlo?»

«Bella, vero? Ed è piena di ricordi. Da piccola ci venivo a fare merenda con mio padre o a nascondermi quando volevo stare da sola.»

Per Selene quel posto era la più grande certezza; per anni aveva nutrito la profonda convinzione che davanti alle sofferenze la libreria fosse un luogo sicuro in cui ripararsi. Soprattutto quel sottotetto. Per questo motivo, a ventitré anni, nel giorno più difficile della sua vita, Selene aveva scelto di rifugiarsi lì dentro.

Frequentava l'ultimo anno di Lettere e il sogno di insegnare era stato improvvisamente messo da parte. La *Libreria Vanni* passava da tempo un brutto momento finanziario, aveva accumulato molti debiti, soprattutto per via della crisi del 2008. In molti avevano suggerito a suo padre Ettore di vendere quel bellissimo gioiello di edificio per ripianare tutti i debiti.

Finché era successa la tragedia.

Nessuna banca in città avrebbe più concesso prestiti, così Ettore un giorno era andato a Milano, presso l'istituto in cui lavorava un amico, per cercare nuovi finanziamenti, ma alle otto di sera non era ancora rientrato. Selene stava chiudendo la libreria, quando il telefono iniziò improvvisamente a squillare. Lo aveva dimenticato dentro, vicino alla cassa, così era rientrata lasciando le serrande semiaperte. A un carabiniere dall'altra parte della linea era stato dato il triste incarico di dirle che il padre aveva avuto un brutto incidente in macchina alle porte di Bologna, ed era stato portato d'urgenza all'Ospedale Maggiore.

Selene non aveva ascoltato più nulla. Aveva preso la bicicletta e pedalato per venti minuti sotto la pioggia. In taxi a quell'ora ci avrebbe messo troppo tempo. Era entrata al Pronto Soccorso fradicia dalla testa ai piedi e aveva cercato qualcuno che le dicesse dov'era suo padre. Le erano venute incontro due infermiere che l'avevano vista gridare disperatamente. Una aveva cercato di calmarla, mentre l'altra era andata a prendere delle coperte per asciugarle i capelli e i vestiti. Una terza infermiera, che nel frattempo le aveva raggiunte, le aveva detto che stava arrivando il nuovo primario. Non le era sembrato un buon segno.

Dopo un'attesa di pochi minuti, uno più terribile dell'altro, si era vista venire incontro un signore sulla sessantina. Era arrivato da lei, l'aveva fatta sedere e le aveva spiegato che non c'era stato nulla da fare. Suo padre era morto sul colpo. In quell'istante un fischio era esploso nelle orecchie di Selene.

Da quella sera la sua vita era cambiata per sempre, e già nei giorni a seguire erano sopraggiunte cascate di problemi. Nessuno aveva aspettato che lei si riprendesse dal funerale, i creditori erano dietro l'angolo ed era arrivato il momento di decidere: doveva scegliere se vendere tutto o rimboccarsi le maniche e lottare.

Non ci aveva pensato molto... Selene era come Ettore, una che lotta e non molla mai. E poi la libreria di famiglia non poteva finire in quel momento. Non così. A ventitré anni aveva iniziato ad aprire da sola il negozio, la mattina. Trecento metri quadri, due piani, una sola commessa a darle una mano, e una fatica immensa. Aveva lasciato l'università, senza nemmeno preoccuparsi di fare la rinuncia agli studi: semplicemente aveva smesso di pagare la retta. Niente tempo per le amiche, i divertimenti e la vita sociale.

Tutto per salvare la libreria di famiglia.

Quando crolla, lei lo fa in silenzio.
Nessuno se ne accorge,
tranne quei pochi a cui vuole farlo sentire.

«È LUI che ha voluto vendere? Tuo padre?» le chiese Riccardo. Com'era stato possibile che uno sconosciuto arrivasse a farle quella domanda pochi minuti dopo averla conosciuta?

«No, e per fortuna non può vedere quello che sto facendo.» Gli occhi le si riempirono di lacrime, cogliendola alla sprovvista. «Non credo che sarebbe orgoglioso di me.»

L'uomo fece un passo verso di lei. «Mi dispiace», disse. E poi l'abbracciò, forse anche lui colto di sorpresa dal suo gesto.

Selene si irrigidì, ma qualcosa dentro le gridò di lasciarsi andare. Chinò la testa sul petto di quello sconosciuto, come se ci fosse un motivo, come se l'abbraccio le fosse dovuto, anche se quell'uomo non l'aveva mai vista né sapeva nulla di lei.

Ci sono cose così personali che raccontiamo solo agli sconosciuti, e in quel momento Selene e Riccardo si stavano parlando senza aprire bocca. Poi lentamente si staccò, si asciugò le lacrime e gli chiese scusa.

«Trovato. Questo è il tuo libro...»

«Si possono dimenticare tante cose, ma le cicatrici no. Quelle restano. E alcune non smettono di farti male.» Guardò la copertina. «A volte tutto quello che vorremmo è svegliarci in un giorno qualunque...»

Selene si schiarì la voce e finse di tossire. «Scusami, ho bisogno di un bicchier d'acqua... Scendiamo?»

«È una domanda?»

«No, infatti», ripeté, incamminandosi.

Tornarono al pianoterra e rimasero in silenzio finché arrivarono davanti alla cassa.

Selene prese una penna, aprì il libro e iniziò a scrivere qualcosa sulla pagina del frontespizio.

«Mi stai facendo una dedica?»

«Diciamo che sono coordinate. Un posto dove andare.» Terminò di scrivere. Chiuse il libro e passò una mano sulla copertina. «Ecco a te», disse infine, restituendoglielo.

«Arrivederci, Selene», disse lui dopo aver pagato. E si incamminò verso l'uscita.

Il campanello dell'entrata suonò.

Svanito per sempre, pensò Selene, che non poteva immaginare che quell'uomo non era capitato lì per caso.

2.

Tranquilla, hai tutto fuori controllo

CHIUSE la libreria e montò in bicicletta per rientrare a casa. Per strada decise di fermarsi in un'enoteca sotto i portici per prendere una bottiglia di vino di visciole, il suo preferito. Tanto buono per lei quanto «imbevibile» per Filippo, che però quella sera non le avrebbe fatto compagnia, quindi perché scendere a compromessi per la scelta del vino?

Arrivata a casa posò la borsa sul tavolo dell'ingresso, si tolse la giacca e le scarpe, poi andò in cucina e stappò la bottiglia. Non aveva fame, così accese la musica e si versò un bicchiere colmo fino all'orlo.

Non beveva mai da sola, ma quella sera c'era qualcosa di molto incerto da festeggiare. Il giorno dopo avrebbe firmato un contratto con cui avrebbe affittato i locali della libreria a un'importante azienda di abbigliamento, che da lì a poco avrebbe preso il posto della *Libreria Vanni*. Questo le avrebbe permesso non solo di estinguere finalmente tutti i debiti ma anche di guadagnare una cifra sufficiente a prendersi un meritato periodo di riposo e rivedere le sue priorità. Si trattava, come si dice in questi casi, di una di quelle proposte che arrivano solo una volta nella vita.

Trasse dalla borsa una cartellina piena di documenti e iniziò a sfogliare una copia del contratto. Era un po' sciupata, l'aveva letta e riletta mille volte.

«Alexa, metti la mia playlist preferita», disse, tirando un sospiro che voleva essere di sollievo. Dallo stereo uscirono le note di «Dog Days Are Over» dei Florence and the Machine, una delle canzoni che più amava.

Alzò il calice per brindare. «A me», si disse, con lo sguardo perso nel vuoto.

Ma in quel momento Selene sembrava tutto fuorché una persona pronta a festeggiare. Pareva più che altro una persona che accetta di eliminare qualcosa a cui tiene, chiudendo in una stanza profonda del proprio cuore i ricordi di tanti anni.

Iniziò a bere, sicura di poter addolcire il boccone amaro che doveva ingoiare.

Aveva iniziato a piovere. Mentre le gocce battevano sulle finestre, continuava a camminare senza sosta. Parlava con se stessa: la parte emotiva, la parte pragmatica, la parte orgogliosa... Nella sua testa c'era una riunione di condominio. Se qualcuno si fosse fermato a guardare dalla strada il palazzo di Selene, la luce della sua cucina sarebbe apparsa come l'unica accesa.

Lei continuava la sua maratona tra la cucina e il soggiorno. Si fermava solo per riempire il bicchiere. Il primo, il secondo, finché mentre si stava versando il terzo sentì suonare il campanello.

Pensò subito che fosse Filippo. Forse aveva lasciato i colleghi prima del previsto. Finì di riempire il bicchiere, ne tirò fuori un altro e riempì anche quello, senza più badare a cosa piacesse o non piacesse a lui.

Le conosci due persone che si amano
ma non stanno insieme?

Leggermente traballante andò ad aprire: «Guarda che ho preso il vino che a te non piace. Ti ho già riempito il bicchiere, quindi ora te lo bevi con me senza fare storie...» disse.

«Lo bevo molto volentieri.»

«Ma tu perché sei qui?»

«Lo sai perché. Non potevo lasciarti da sola, stasera.»

Si sentì avvolgere di nuovo dallo stesso profumo avvertito poche ore prima in libreria. Chiuse gli occhi per cercare di capire se stesse sognando.

«Tu non dovresti essere qui...» disse con un filo di voce.

Lui fece un passo lento dentro casa, si chiuse la porta alle spalle e continuò a camminare verso di lei, che indietreggiò fino al tavolo vicino all'ingresso, facendo cadere la borsa, per poi continuare verso la cucina, dove si allungò per prendere il bicchiere di vino.

Sentì le dita di lui sfiorarle la mano per prendere il calice.

Rimasero fermi per qualche istante; la tensione era sempre più palpabile. Per spezzarla, Selene propose un brindisi.

«A un giorno qualunque di felicità...» disse lui.

«E a chi se la merita», sussurrò Selene, quasi tra sé e sé, trovando del tutto naturale che di fronte a lei ci fosse Riccardo Ferrari, e non Filippo.

«Hai paura della felicità o hai paura di non meritartela?» le chiese lui, bevendo un sorso di vino.

«Non vale. Qualsiasi cosa io scelga, mi mette paura.»

«Di cosa hai paura?»

«In questo momento? Di noi due, da soli, qui.»

«Potrebbe andare peggio...»

«In che modo?»

«E se ti baciassi?»

«Hai ragione, sarebbe peggio...» disse lei, sciogliendosi in un sorriso. Posò il bicchiere, andò in soggiorno e si tolse il maglione così velocemente che vi rimase dentro anche la maglietta. Lasciò cadere entrambi a terra. Si fermò davanti alla porta della camera da letto in reggiseno, un po' imbarazzata.

Riccardo le si avvicinò. Si tolse prima la giacca, ancora leggermente bagnata dalla pioggia, poi si sfilò la camicia, lasciandola scivolare a terra. Era atletico e asciutto, un intrigante equilibrio di robustezza e grazia. Più lui si avvicinava, più lei si sentiva pervadere dal calore di quel corpo.

Riccardo le prese il mento tra le mani e iniziò a sfiorarle delicatamente le labbra con le dita. I sensi di colpa che cercavano di trattenerla furono spazzati via in un istante. Selene si lasciò andare. Cominciarono a baciarsi con passione.

All'improvviso lei si staccò, lo guardò e iniziò a chinarsi, sfiorando con le labbra il petto di Riccardo. Lo sentì eccitarsi sotto gli slip, di cui afferrò l'elastico per abbassarli lentamente. Riccardo si lasciò andare a un gemito di piacere mentre lei gli prendeva in bocca il pene. Si lasciarono trasportare dalla passione del momento, fino a quando lui decise di prenderla in braccio per adagiarla sul letto. Le slacciò il reggiseno e i jeans, poi le sfilò gli slip.

Cominciò a leccarla tra le cosce. Selene inarcò la schiena e morse il cuscino. Riccardo risalì piano e la baciò, mentre entrava dentro di lei. Selene sentiva le spinte di lui sempre più forti, mentre lo cingeva con le gambe. Poi lo spinse di lato e gli montò sopra: voleva avere il controllo. Quando fu sul punto di venire si buttò in avanti, ansimando, e lo baciò. Raggiunse l'orgasmo piegata su di lui. Respiri affannati e corpi incandescenti. Erano un'orchestra andata a fuoco. Poco a poco si calmarono, poi Selene scivolò delicatamente su un fianco.

Non faceva sesso da mesi.

Lui tirò su le coperte e lei si infilò sotto. Rimasero a guardarsi per qualche istante, finché si addormentarono sfiniti, l'uno accanto all'altra.

Alla fine chi conta davvero
è solo chi pensa a te,
anche quando non ha nemmeno
il tempo di pensare.

Il mattino dopo Selene aprì realmente gli occhi solo quando fu davanti alla finestra della cucina, con lo stomaco provato dal vino della sera prima. Osservò il suo riflesso sul vetro: una donna «quasi» felice alle prese con un risveglio decisamente complicato.

Fece un respiro profondo, cercò di uscire per un attimo dalla sua testa, dove tutti quei pensieri continuavano a girare e girare, come nella centrifuga di una lavatrice.

Si versò un bicchiere d'acqua, poi si sciacquò il viso nel lavandino della cucina.

«Selene, dove ti sei persa...» bisbigliò.

Si passò una mano tra i capelli, come per calmarsi, e riordinò poco a poco i suoi pensieri. Quel risveglio agitato e confuso non capitava certo a caso, non era un giorno come gli altri.

Fuori i lampioni si spegnevano uno alla volta. Sui sampietrini risuonavano le ultime gocce di pioggia assieme ai passi di chi era uscito presto per affrontare la giornata lavorativa, o stava tornando a casa stanco. La nebbia era ancora bassa, come regala sempre l'autunno bolognese.

Si voltò verso la tavola, come a cercare un indizio. Sopra c'erano una bottiglia di vino rosso praticamente vuota e due calici quasi pieni. Li fissò per qualche istante, sconcertata.

Dal momento in cui aveva aperto gli occhi, poco a poco si stava avvicinando a una verità che la terrorizzava. Un vaso di Pandora che stava liberando così tanti pensieri da pietrificarla sul piano cottura.

Stava riavvolgendo il film dei suoi ricordi sfocati.

Guardò la borsa, che prima aveva raccolto da terra.

Poi spostò lo sguardo verso la camera da letto, e si bloccò di nuovo.

«Con chi ho passato la notte?» bisbigliò.

3.

Affacciati,
che fuori dalle tue paure
c'è un panorama bellissimo

L'ansia iniziò a mangiarla da dentro. Un brivido le attraversò la schiena.

L'uomo con cui aveva fatto sesso le aveva regalato una notte di passione meravigliosa: era sconvolta dalla prepotenza del suo desiderio. Non le era mai successo nulla di simile, fino ad allora.

Le girava ancora un po' la testa, ma almeno era sicura che quello fosse colpa del vino, non di uno sconosciuto che l'aveva sedotta.

Fuori c'era ancora la nebbia, ma nella testa di Selene iniziava a farsi chiarezza. Poco a poco le tornò in mente tutto. La sua immaginazione si era mascherata da realtà.

L'avventura con il mercante d'arte era come le pagine di quel libro che stava divorando dietro il bancone, la sera prima: un'opera di pura finzione. Complice l'alcol, si era fatta travolgere dalla fantasia di vivere una vita che non era la sua.

A suonare il campanello non era stato Riccardo Ferrari, ma semplicemente Filippo, che aveva dimenticato le chiavi di casa. Lei gli era andata incontro per abbracciarlo, già parecchio offuscata dal vino, facendo cadere la borsa all'ingresso. Svogliato e stanco, Filippo era andato in camera a cambiarsi. Lei lo aveva seguito, senza desistere, togliendosi maglione e maglietta in un colpo solo.

«Selene, dai, te l'ho detto, sono stanco.»

Lei gli aveva fatto segno di stare zitto, chiudendogli con l'indice la bocca, si era inginocchiata e gli aveva slacciato la cintura.

Non facevano sesso da nove mesi e ventuno giorni.

Selene era molto lontana da lui, in quel momento. Era con uno sconosciuto e si stava immaginando di tutto, tranne che in quel letto, sotto di lei, ci fosse l'uomo con cui viveva da quasi sei anni.

Una fantasia non fa male a nessuno, pensò, a meno che quella fantasia non diventi realtà, e allora bisogna fare i conti con le conseguenze che comporta.

Passo dopo passo arrivò davanti alla camera, aprì la porta e sbirciò.

Trovò Filippo, nudo, aggrappato alle lenzuola.

Tornare alla realtà non la fece sentire meglio.

Lei osserva molto più di quanto tu possa immaginare.
Non è mai assente, ma se finge di ignorare qualcosa,
significa che ha già visto abbastanza.

«Adesso basta», si disse, decisa.

Doveva iniziare a prepararsi per affrontare quel maledetto giorno, così entrò in camera da letto e alzò le tapparelle per far entrare un po' di luce.

Sentì Filippo mugugnare, quindi si accostò al suo lato del letto per accarezzarlo. Due baci sulla fronte e il solito «Buongiorno, amore», furono sufficienti.

«Buongiorno...» disse lui, sbadigliando, mentre si stropicciava gli occhi. Si allungò per stirarsi i muscoli, con un sorriso soddisfatto sul viso.

«Che hai da ridere?» gli domandò.

«Niente, ho dormito proprio bene...» rispose lui con tono malizioso.

Poi andò a farsi una doccia, e lei in cucina. Filippo da una parte e Selene dall'altra.

Tirò fuori una scatola di biscotti dalla credenza e preparò il caffè per entrambi. Mentre metteva la moka sul fuoco, continuò a bisticciare con un pensiero fastidioso ma al tempo stesso seducente; era qualcosa di sottile e decisamente piccolo, che le ronzava nella mente come un'ape. Non voleva dare la colpa a Filippo se per quasi dieci mesi non si erano praticamente toccati.

Basta! si disse. Doveva concentrarsi su quello che stava per succedere. Tutte le battaglie che aveva combattuto negli ultimi anni stavano per finire, si sarebbe potuta prendere una pausa e i debiti sarebbero stati ripianati. Posò la moka sul tavolo e si sedette pensierosa. Era l'epilogo perfetto, dopo i sacrifici degli ultimi anni, eppure qualcosa nel suo cuore non trovava pace. Un passo difficile, certo, ma era sicura che ne sarebbe valsa la pena.

Finita la doccia, Filippo la raggiunse per fare colazione. Era raggiante, e iniziò subito a rispondere ai primi messaggi di lavoro sul cellulare. Poi sollevò gli occhi su di lei.

«Tutto bene, amore?»

Selene non sapeva se sentirsi in colpa o in imbarazzo. Nel dubbio mise in scena un sorriso forzato, e capì: a quella fantasia ci si era aggrappata per distrarsi, o peggio ancora, come un naufrago, per salvarsi.

Decise tuttavia che in quel momento aveva altro di più importante a cui pensare. Il conto alla rovescia era iniziato e ora la sua mente doveva prepararsi all'ultimo passo. Il più era fatto, la decisione presa: mancava solo una firma. L'accordo avrebbe avuto una durata di dieci anni, passati i quali sarebbe stato rinnovato. Oppure avrebbe potuto trovare altri inquilini, o ancora, nella più remota delle ipotesi, riaprire la *Libreria Vanni*.

Dall'altra parte del tavolo, davanti alla reticenza di Selene, anche Filippo scelse il silenzio: un silenzio confortante. Che quel giorno fosse difficile lo sapeva bene: senza la firma di Selene l'accordo non sarebbe mai andato in porto.

Fecero colazione guardandosi negli occhi solamente un paio di volte: sostenere lo sguardo dell'altro era come tenere in mano una tazza bollente.

«Come stai?» «Che hai?» «Come va?» erano tutte domande inutili, perché entrambi sapevano già le risposte.

Ama te stessa a tal punto
che nessuno possa ferirti,
ma fermati quando capisci
che amare te stessa
sta ferendo qualcuno.

LE strade di Bologna erano ricoperte di pozzanghere e l'aria continuava a essere fredda e umida. Camminarono sotto i portici e i passaggi coperti che costeggiavano le vie del centro, fino ad arrivare allo studio dell'avvocato che aveva seguito la trattativa, nello stesso palazzo in cui aveva l'ufficio Filippo.

Lui le strinse le spalle tra le mani. «Ora affrontiamo tutto insieme, ok?»

Selene annuì, sciogliendosi dall'abbraccio.

Filippo fece correre il dito sul citofono fino alla targa MARTINELLI ASSOCIATI. Da tre anni e mezzo, ormai, aveva lasciato lo studio di commercialisti dove aveva cominciato a lavorare dopo la laurea, per aprirne uno insieme a un suo collega. «Oggi non si va da me...» commentò, tentando inutilmente di sdrammatizzare. Suonò infine al campanello dell'avvocato Bindelli.

Prima che qualcuno potesse rispondere, Selene ripensò alle circostanze che li avevano condotti fin lì.

Per anni la *Libreria Vanni* era stata nel mirino di grandi marchi. Selene aveva rifiutato tutte le offerte, quasi sempre molto generose. «Vendere la libreria? Piuttosto vendo un braccio.» Eppure mandare avanti l'attività stava diventando sempre più oneroso, sia per i bassi margini e per la concorrenza ormai schiacciante dell'e-commerce, sia per i debiti ereditati dal padre. Più proposte rifiutava, più sacrifici si impegnava a fare.

Finché, poco più di un anno prima, a settembre, c'era stata l'alluvione. La pioggia aveva portato all'esondazione di uno dei canali nel cuore della città, che essendo tombato non era riuscito a smaltire tutta l'acqua caduta. Tra le molte vie coinvolte c'era quella della *Libreria Vanni*. Era entrata tantissima acqua, che aveva allagato gran parte del pianoterra, costringendo Selene, Federica e Cinzia a spostare tutti i libri al piano superiore.

Filippo, che aveva aperto da due anni il suo nuovo studio, pochi minuti a piedi dalla libreria, non solo era andato ad aiutare, ma aveva suonato a tutti i citofoni del palazzo per chiedere rinforzi. Lo avevano seguito il portiere, una delle due psicologhe del piano di sopra e l'avvocato Bindelli.

Dopo ore di lavoro estenuante, messa in sicurezza la libreria, Selene aveva voluto offrire a tutti pizza e birra in un pub con karaoke dietro Piazza Grande.

«Non so come ringraziarvi. Un brindisi a questa improvvisata squadra di soccorso!» aveva detto a gran voce sollevando la sua pinta. «E alla libreria. Ce la vogliono comprare, ce la vogliono allagare, ma lei non mollerà mai!»

Poco dopo, quando tutti erano tornati alle proprie chiacchiere, l'avvocato Bindelli si era avvicinato a Selene e Filippo: «Se posso chiederlo... Chi vuole comprare la libreria?»

«In tanti!» aveva risposto Selene alzando la voce per sovrastare quelle del tavolo accanto, che si era lanciato in una canzone degli 883. «Prima la Mondadori, per farci uno dei suoi megastore. Poi la Feltrinelli, stesso motivo. Poi è venuto il turno dei marchi sportivi. Nulla a cui abbia mai fatto fatica a dire di no.»

«Da qualche tempo però c'è questo brand di abbigliamento di lusso...» Filippo era intervenuto a gamba tesa. «Hanno fatto una di quelle proposte che è davvero difficile rifiutare.»

«La libreria non è in vendita. Punto e basta.»

«Sono d'accordo. Un gioiello come quello non si vende», aveva commentato Bindelli, buttando giù l'ultimo sorso di birra. «Però, se sono molto interessati potresti mediare con loro, e affittare i locali. Sempre se decidessi di chiudere, ovvio.»

Selene era confusa: in effetti affittare avrebbe significato prendersi una pausa senza rinunciare del tutto. A ripensarci, era stato quello il momento in cui per la prima volta si era lasciata attraversare dal dubbio.

Di quel consiglio non se ne era più parlato per molto

tempo. La libreria aveva riaperto, i libri bagnati erano stati mandati al macero e Selene aveva dovuto chiedere l'ennesimo prestito in banca per sistemare i danni.

Qualche mese dopo, la sera di Santo Stefano, Selene e Filippo avevano deciso di cenare a casa da soli. Dopo cena avrebbero preparato le valigie per la settimana bianca, una vacanza che nelle loro intenzioni serviva per ritrovare un po' di intimità. Selene tagliava le verdure con cura, mentre i profumi delle erbe si diffondevano per la cucina. Ancorato al tavolo, Filippo sembrava invece completamente immerso nei suoi calcoli al computer.

La padella borbottava vampate di calore e profumo.

«Vieni ad assaggiare?» gli aveva domandato Selene.

«Mi fido di te. Dal profumo sembra ottimo.»

«Dai, aiutami. Senti se c'è abbastanza sale.»

«Sì, però i bilanci non si fanno da soli…»

«D'accordo…» aveva detto lei, dandogli le spalle. «Continua con il lavoro, io mi occupo della cena, così tra qualche minuto possiamo mangiare.»

«Non voglio sembrare stronzo, amore, ma dobbiamo trovare qualcuno che ti aiuti con la contabilità», aveva continuato Filippo. «All'inizio per me seguire la parte finanziaria della *Vanni* significava dare una mano alla mia fidanzata, ma adesso sta diventando un vero e proprio lavoro. Lo studio sta girando bene e ormai non riesco più a stare dietro a tutto.»

A quel punto lei si era andata a sedere davanti a lui. Da molto tempo Filippo era scettico in merito all'idea di tenere aperta la libreria a tutti i costi, ma era la prima volta che le parlava in quel modo, e soprattutto con quel tono. Fino a quella sera era sempre stato pronto, sereno nell'affiancarla in ogni sua difficoltà. Quella passione che sperava Filippo avrebbe dimostrato incondizionatamente, ora sembrava sfumare in un freddo, per quanto comprensibile, distacco.

Nessuno poteva vederlo, ma nella sua testa avevano iniziato a muoversi molti pensieri.

Forse è solo stanco. Forse sono stata pesante. Forse in questi ultimi anni ho preteso troppo da lui.

In un attimo era riuscita a rigirare la frittata. Era passata dall'essere arrabbiata con Filippo all'essere arrabbiata con se stessa, giustificando il suo compagno e colpevolizzandosi da sola.

Filippo aveva chiuso improvvisamente il computer.

«Finalmente...»

Ma se avesse saputo cosa le stava per dire, non avrebbe scelto quella parola. Lui l'aveva guardata dritta negli occhi mentre spostava il computer in fondo alla tavola. «Devi prendere seriamente in considerazione l'idea di vendere, Selene», aveva detto, togliendosi gli occhiali.

«Mai e poi mai. Lo sai già, ne abbiamo parlato mille volte...» aveva replicato lei, confusa.

«Sì, lo so che ne abbiamo parlato. Ma adesso è diverso, ok? I soldi ora sono un problema serio.»

«Farò un altro fido o chiederò un altro prestito, come sempre...»

«Selene, già per l'ultimo sono dovuto venire a firmare

anch'io. Adesso non te ne daranno un altro. Il negozio ha margini troppo bassi.»

«Vabbè, dai, troviamo una soluzione. Magari possiamo cancellare i prossimi viaggi per risparmiare un po'.»

Filippo l'aveva guardata incredulo, poi aveva scosso la testa in segno di disapprovazione.

«Stiamo parlando di cinquantamila euro che ti servono entro i prossimi tre mesi, oppure ti toccherà ipotecare la casa. Dobbiamo pensare a soluzioni reali.»

Selene intanto si era messa a frugare in uno scaffale sotto il lavandino dove teneva gli attrezzi per piccole riparazioni domestiche. Sembrava che cercasse qualcosa di nascosto.

«Non la venderò mai! Scordatelo! Ma come ti permetti anche solo di chiedermi di fare una cosa del genere?»

Dopo aver tirato fuori dallo scaffale un pacchetto di sigarette si era diretta verso la finestra e aveva spalancato i vetri per accendersene una.

Filippo si era avvicinato. Aveva capito di non essere stato, come al solito, un campione di delicatezza.

«Scusami, dai. Sono stato un po' troppo diretto. Domani partiamo, stacchiamo la spina e quando torniamo pensiamo a cosa fare, ok?»

«Filippo, io questa volta non posso proprio partire.»

Lo aveva detto con voce ferma, guardandolo negli occhi.

«Non puoi partire? Ma perché? È uno dei pochi momenti in cui possiamo rilassarci insieme.»

«Ce ne sono tanti di momenti dell'anno in cui potremmo

farlo! Solo che non lo facciamo mai. Non c'è bisogno di andare a quattro ore da qui per stare insieme!»

Filippo si era allontanato da lei, camminando avanti e indietro con un'espressione di frustrazione sul viso. «La libreria ci sta soffocando, e non solo dal punto di vista economico. È arrivato il momento di fare delle scelte. Venderla significherebbe ritornare a respirare.»

Quelle parole avevano colpito Selene come un pugno allo stomaco. La libreria era senz'altro il suo punto debole: non solo era il posto in cui era cresciuta, il suo album dei ricordi, il gioiello di famiglia tramandato da due generazioni, ma era anche il posto a cui aveva dedicato tante ore e tanta passione.

«No, Filippo, non posso farlo. La libreria è parte di me, della persona che sono. Senza non sarei più io. Tu non capisci e forse non potrai mai capire...» aveva detto rabbiosa dandogli le spalle, con lo sguardo sulla città mentre finiva la sua sigaretta.

In ogni litigio c'è un momento dopo il quale, se non si fa un passo indietro, ogni parola sarà a perdere, e non importa chi dà ragione a chi. La discussione non porterà a nulla.

«Forse hai ragione, Selene. Non ci capiamo più. Forse è meglio se parto da solo, questa volta.»

La reciprocità in una relazione
non significa necessariamente
che devi restituirmi quello che ti do,
ma è fondamentale che tu gli dia valore,
perché altrimenti perdo la voglia
di continuare a farlo.

AVEVANO litigato tutta la sera, finché, sfiniti, si erano addormentati.

La mattina dopo Filippo, sulla porta, pronto a uscire, aveva detto: «Se hai bisogno chiamami, ok?»

«Tranquillo, è una settimana. Starò bene.»

Lo aveva guardato chiudere la porta. Una volta rimasta da sola in casa, non era riuscita a trattenersi per più di un minuto senza piangere. Non poteva crederci, le sembrava tutto così irreparabilmente spezzato... Persino Filippo si stava arrendendo, e lei, in quella casa dove aveva condiviso tanto amore, si era sentita sola come non mai.

La sera stessa lui l'aveva chiamata. Selene non aveva risposto a nessuna delle otto telefonate, e nemmeno a quelle del giorno seguente.

Avrebbero passato gli ultimi giorni dell'anno lontani.

Selene dopo Natale aveva ripreso la sua vita da libraia. Erano anni che non stava così tanto da sola. Da sola in libreria, da sola a casa, da sola a colazione, pranzo e cena. In quei giorni aveva pensato e riflettuto molto. La libreria che le aveva dato tanto ora le stava togliendo tutto. Prima suo padre, poi i suoi sogni, e adesso anche Filippo.

Non erano stati giorni facili: cuore e testa avevano combattuto molto. Per farsi forza nei momenti di solitudine, chiamava in continuazione una sua vecchia amica, Carla, che lavorava come editor per una famosa casa editrice di Milano. Durante una di quelle telefonate Carla le aveva detto: «Tu, Selene, in tutte le cose che fai mandi avanti il cuore, senza pensarci un attimo. Poi gli mandi dietro la testa, che se lo va a riprendere. Non è sbagliato, ma non tutti ragionano come te, perché lasciar guidare il cuore non è una cosa che molti hanno il coraggio di fare. Quindi non pensare di poter far altrimenti. Pensa piuttosto se c'è più cuore nella libreria o in Filippo.»

Non voleva dover scegliere tra le due cose, e non voleva perdere l'uno a causa dell'altra. Allontanare l'uomo che l'aveva tanto amata e aiutata non avrebbe risolto nulla, ma qualcosa doveva cambiare.

Ci aveva pensato molto, finché, poco prima di Capodanno, in una mattina freddissima, Filippo era entrato improvvisamente in libreria, con un mazzo di fiori in una mano e un'infinita lista di scuse nell'altra. Selene si era girata verso di lui più felice che sorpresa, come se da quando l'aveva visto uscire di casa, la sera di Santo Stefano, non aspettasse altro che vederlo rientrare chiedendo scusa.

«Non voglio che la libreria ci divida. Voglio che affrontiamo insieme ogni difficoltà.»

Lei lo aveva guardato negli occhi. «Non voglio rinunciare alla libreria, Filippo, ma meno che mai voglio rinunciare a te. Non voglio perderti.»

Si dice «scendere a compromessi», ma è tutt'altro che una discesa. Al contrario, è una salita faticosa e pericolosa, che ci porta a lasciar andare alcune cose per conquistarne altre.

Selene sapeva di dover affrontare, forse per la prima volta in vita sua, una resa, ma per quanto questo la confondesse e la facesse soffrire, aveva anche la speranza di aver trovato un amore destinato a resistere alle tempeste della vita. Quella sensazione latente di infelicità, che l'avrebbe accompagnata nei mesi a seguire, era maturata proprio in quei giorni. Era stanca, aveva rischiato di rovinare la sua relazione con Filippo e ormai pensava che con quella maledetta libreria la sfortuna l'avrebbe perseguitata per sempre.

Non mi piace quando qualcuno mi scrive:
«Non ho avuto tempo».
Se non altro perché quando si dice:
«Non ho avuto tempo», in realtà significa:
«Non ho avuto tempo per te».
Al giorno d'oggi non bisogna mandare
un piccione viaggiatore per comunicare.
Abbiamo le chiamate, le videochiamate,
WhatsApp, gli audio…
E a volte basterebbe un semplice messaggio.
Ci vogliono cinque secondi a inviare un messaggio.
E ci sono 86.400 secondi in un giorno.
Se non vali quei cinque secondi per qualcuno,
quella persona non vale lo spazio
che occupa nella tua vita.
La verità è che se qualcuno non ha tempo per te,
tu non perdere tempo ad aspettare che lo trovi.

Poi qualcosa in lei era scattato. Un giorno, dopo aver preso i documenti della proposta del brand di lusso ed essere uscita dal lavoro un po' prima, lasciando a Cinzia il compito di chiudere la libreria, era andata dall'avvocato Bindelli.

Era stata calma quando aveva suonato al citofono, era stata calma con la segretaria ed era stata calma quando era entrata nello studio dell'avvocato. Chiusa la porta alle sue spalle, però, aveva smesso di essere calma.

«Non ce la faccio più...» aveva cominciato a dire, facendo scivolare sulla scrivania dell'avvocato la cartellina contenente la proposta di acquisto della libreria di famiglia.

«Calmati, Selene. Dimmi come posso aiutarti.»

Selene si era seduta. «Credo non serva più girarci intorno.»

«Vuoi vendere tutto?» disse Bindelli mentre sfogliava i documenti.

«No, mio padre non me lo perdonerebbe mai.»

«E allora cosa vuoi fare?»

«Tu mi avevi detto che questa proposta d'acquisto la si poteva trasformare in un affitto, no?»

«Be', si può provare a proporglielo...»

«Risolverebbe questo mare di guai in cui mi trovo?»

«Dovresti parlare con loro e trattare.»

Selene aveva fatto un respiro profondo, poi aveva sollevato lo sguardo verso il soffitto. «Puoi farlo tu?»

«Sì. Ti costerà qualcosa, ma cercherò di venirti incontro.»

Era uscita dallo studio ed era tornata in libreria tremando. Sapeva di aver appena fatto il primo passo verso la fine della *Libreria Vanni*.

Nelle settimane successive, mentre l'avvocato Bindelli e Filippo trattavano e riscrivevano continuamente la proposta contrattuale, lei andava a lavorare facendo finta che nulla stesse cambiando per non far preoccupare nessuno, almeno finché le cose non fossero state certe. Finalmente dopo alcuni mesi le parti erano arrivate a un accordo, e di nuovo sciolto un nodo ne era arrivato un altro, per lei ancora più difficile: raccontare tutto a Federica e Cinzia.

In quella riunione avevano pianto tutte. Ancora settimane di firme, telefonate con i consulenti del lavoro e attese. E alla fine era arrivato il momento di pensare a cosa fare della sua vita. All'inizio avrebbe voluto prendersi un periodo sabbatico, ma in molti glielo avevano sconsigliato, soprattutto Filippo. Nel suo studio si era liberata una posizione, e lui l'aveva spinta ad accettare.

«Sì, ok, va bene», erano state le ultime parole di Selene.

Quando ti concedi a qualcuno,
assicurati di non cancellarti.
È pericoloso dire sì agli altri,
se stavi gridando no a te stessa.

Salirono le scale in modo diverso: Filippo pieno di energia, Selene con lentezza, come se avesse dei pesi alle caviglie. Ogni passo verso la «sua» scelta sembrava toglierle vitalità.

Gradino dopo gradino arrivarono all'elegante pianerottolo che si affacciava sullo studio dell'avvocato.

«Sei pronta?» le disse Filippo accarezzandole la schiena.

No, pensò Selene. «Sì», disse con un filo di voce.

Una volta entrati, la segretaria li fece accomodare: l'avvocato li stava già aspettando insieme a una manager delegata del brand, presente per la firma del contratto.

«Eccovi qui, finalmente!» disse, accogliendoli. «Lei è Martina Scaparozzi, la direttrice di tutte le boutique Elisabetta Bruni.»

Era una donna sulla sessantina, alta e magra, vestita con un tailleur nero molto elegante, capelli corti spettinati e uno sguardo intensificato da uno *smokey eye* molto pesante.

Selene finse un sorriso poco convinto.

La manager le strinse forte la mano e disse, con voce roca, da fumatrice incallita: «Non può capire quanto siamo felici! L'immobile è meraviglioso. Lo rivoluzioneremo completamente. Interni rivestiti in marmo di Carrara, pavimenti in marmo di Carrara...» Era visibilmente entusiasta. «Rivestiremo persino i portici in marmo di Carrara!» concluse scherzosamente, con una risata acuta e fastidiosa.

Selene si affrettò verso il tavolo per prendere posto. Si sedette con il morale a terra, e non si sforzò nemmeno di nasconderlo.

«Allora, cominciamo. Prego, sediamoci», incalzò l'avvocato.

Ora erano tutti seduti intorno a lei, e i fogli da firmare. Non appena cercò di impugnare la penna, iniziarono a tremarle le dita. Più che una penna le sembrava di avere in mano una pistola.

«Scusate, ho le mani un po' sudate.»

Fece un respiro profondo, spostò lo sguardo verso il soffitto e sussurrò qualcosa al cielo che nessuno in quella stanza capì – «Senza di te è tutto così difficile» – poi portò la penna verso il foglio e iniziò a premere il grilletto senza più pensare.

«Ancora una qui», disse l'avvocato.

Un ultimo colpo ed ebbe finito.

Tre posti da cui scappare.
Vai via da dove non sei felice.
Vai via da dove non riesci a essere te stessa.
Vai via da dove non ti vogliono.

Mentre lei e Filippo si lasciavano alle spalle la Basilica di Santo Stefano, facendosi strada nel viavai di gente che affollava i locali di Piazza delle Sette Chiese, Selene si rese conto che i passi più pesanti non erano stati quelli per salire le scale che conducevano allo studio dell'avvocato, ma quelli che stava facendo per tornare in libreria, dove l'aspettava la festa di addio.

Federica e Cinzia le avevano preparato una sorpresa: avevano chiamato amici e clienti affezionati per dare un ultimo saluto alla libreria, brindando a quel posto così speciale per loro. Non appena la videro davanti all'ingresso, commossa, le corsero incontro per abbracciarla e darle un pacchetto regalo. Selene scartò la sorpresa, e dopo aver aperto la prima pagina non trattenne le lacrime. Era un album dei ricordi, con tutti i momenti più significativi degli ultimi anni: le inaugurazioni, gli eventi letterari, gli attimi di allegria con i clienti. Ogni foto era accompagnata da un messaggio di gratitudine per tutto quello che Selene aveva fatto. C'era persino Carla.

Sotto i portici, davanti alla libreria, si era radunata molta gente. Dopo qualche brindisi arrivò il momento: Selene spense per l'ultima volta l'insegna che aveva installato suo nonno, poi, tra le lacrime, gli abbracci e i sorrisi, chiuse per sempre la porta della *Libreria Vanni*.

Selene, Carla e Filippo finirono la serata a casa, attorno al tavolo della cucina insieme a qualche bicchiere di lambrusco.

«Finalmente da domani inizia un nuovo capitolo», disse Filippo.

«Eviterei le metafore con i libri, sai?» commentò Carla.

«Ma non si può dire niente, con te!»

«Al futuro ci penso domani», intervenne Selene. «L'ultima cosa di cui ho bisogno ora siete voi due che bisticciate.»

Finirono il vino e andarono a dormire. Selene si infilò un pigiama scozzese e ne prestò uno uguale a Carla, che si era sistemata sul divano letto in soggiorno.

Una volta sotto le coperte riprese il romanzo dello scrittore portoghese che aveva iniziato la sera precedente, in libreria, prima di essere interrotta da quell'insolito cliente.

«Posso farti una domanda?» le sussurrò Filippo.

Selene posò il libro aperto sulle ginocchia. «Dimmi.»

«Oggi, dall'avvocato... Mentre firmavi, hai bisbigliato qualcosa.»

«Nulla di che... Perché me lo chiedi?»

«Ma tipo, cosa stavi pensando?» continuò accovacciandosi vicino a lei.

«Mi ripetevo l'importo dell'assegno per farmi coraggio. Tutto qui...»

Filippo sembrò sollevato: «Ah, allora niente».

Selene prese il libro, lo richiuse e lo posò sul comodino. «Scusa, ma sono molto stanca. Buonanotte.»

Si lasciò cadere sul cuscino, cercando di scrollarsi di dosso qualsiasi pensiero inutile. Filippo l'accarezzò sulla schiena e si addormentò quasi subito.

Selene invece, nonostante la stanchezza, rimase sveglia a lungo. Non amava mentire, anzi le bugie le odiava, ma in quell'occasione le era venuto naturale farlo. Ne fu abbastanza sorpresa. Aveva appena mentito, non perché volesse nascondergli qualcosa, ma «solo» perché non se l'era sentita di parlarne con lui.

Perché non gli ho detto la verità? Perché non gli ho raccontato che quando ho alzato gli occhi al soffitto ho chiesto scusa a mio padre? Forse avevo paura che non mi capisse?

Prima o poi arrivano i giorni
della consapevolezza, in cui dovrai decidere
se continuare a salvare gli altri,
le cose o le situazioni...
Oppure lasciarti tutto alle spalle
e iniziare a salvare solamente te stessa.

L'indomani Selene si alzò dal letto stravolta, per la stanchezza accumulata e per la notte quasi insonne, ma soprattutto perché quella mattina, per la prima volta da anni, non avrebbe dovuto correre ad aprire la sua libreria. Una consapevolezza che arrivò quando aprì gli occhi e con la mano cercò Filippo dall'altro lato del letto. Non trovandolo si alzò di scatto e prese in mano il telefono dal comodino per controllare l'ora, come faceva d'abitudine, per la paura di essere in ritardo. Guardò il telefono con aria confusa e si sfregò la fronte, come chi non si capacita di essersi risvegliato su un'isola deserta a duecentomila chilometri da casa.

Si lasciò cadere all'indietro sul letto e realizzò che nulla sarebbe più stato come prima. Sentì un enorme senso di vuoto, e rimase per qualche minuto sdraiata, come svenuta. Persa dentro la propria malinconia. Poi, controvoglia, andò a fare colazione in pigiama, raggiungendo in cucina Carla e Filippo, che erano già pronti e vestiti per la giornata che li attendeva. Naturalmente stavano battibeccando.

«Carla, mi spieghi come fa Adrian a sopportarti?» le stava dicendo Filippo inzuppando un biscotto nel caffè.

«Sei simpatico anche di prima mattina tu, eh?»

Selene si sedette tra loro, sbadigliando. Carla l'abbracciò, poi, dopo averle dato il buongiorno, continuò con il suo personale duello di frecciatine.

«Guarda che se continua così l'invito per l'inaugurazione della casa nuova vale solo per te, Selene!»

«Via Lincoln la conosco già… Con tutte quelle casette colorate rischio di diventare epilettico ogni volta che ci metto piede. Grazie, comunque!» ribatté lui, facendole una smorfia.

Finirono assieme colazione. Selene tornò a letto e li lasciò ai loro bisticci, finché uscirono di casa: Filippo verso il suo studio e Carla verso il suo treno. Lei rimase a rigirarsi nel letto tutto il giorno, ma senza addormentarsi. Le sembrava di essere in jet lag. Uscì di casa solo la mattina dopo per andare a incassare l'assegno e fare qualche commissione, poi rientrò poco prima di pranzo e senza appetito tornò direttamente sotto le coperte.

Quel giorno iniziò a nevicare. Un fiocco dopo l'altro, in poche ore tutta Bologna era coperta da un manto bianco. Nevicò anche il giorno dopo e quello dopo ancora, ma Selene non approfittò dell'atmosfera quasi fatata della città e continuò a rigirarsi nel letto, senza dormire.

In quei giorni i creditori avevano smesso di chiamarla, e

per la prima volta da quando lo aveva aperto, il suo conto non era in rosso. Prese in mano il telefono solo una volta per rispondere a Carla, che la chiamò preoccupata: «Tesoro, mi ha scritto Filippo dicendomi che non esci dalla camera da letto da quasi una settimana!»

«Sto bene, Carla... Tranquilla.»

«Selene, lo sai che odio dare ragione a Filippo, ma questa volta sono d'accordo con lui. Hai o no risolto tantissimi problemi della tua vita?»

«Sì, certo! A parte te non mi chiama più nessuno per sapere dove sono o perché non ho pagato qualcosa...»

«Allora perché non esci di casa? Dimmi come ti senti.»

«Ma guarda, non lo so. La mia vita è cambiata... Mi serve tempo...»

«Senti, vuoi venire qualche giorno da me?»

«Ma no, Carla, non ti preoccupare. Tanto ci vediamo quando inauguri la casa, così festeggiamo e stiamo un po' insieme.»

«Va bene... Mangia la tua verdura e prendi le vitamine, mi raccomando. E se hai bisogno chiamami!»

«Ok, mamma. Ciao!»

Chiuse la telefonata e si buttò di nuovo a letto.

4.

«Quando la neve si scioglie,
dove va il bianco?»

Fece un passo in avanti ed entrò nella sua nuova vita. Un paio di settimane prima di Natale cominciò a lavorare regolarmente nello studio di Filippo.

La prima settimana fu difficile, ma l'entusiasmo di imparare qualcosa di nuovo e la gentilezza che tutti avevano nei suoi riguardi furono una spinta importante. Non fu un cambiamento facile, ma si ripeteva spesso che non sarebbe stato per sempre, e questo la rassicurava.

Passarono i giorni e lei di tanto in tanto si incantava a guardare la neve fuori dalla finestra.

Approfittava della pausa pranzo e allungando un po' la strada prima di rientrare in ufficio telefonava a Carla.

«Novità dal fronte?» le chiedeva puntualmente l'amica.

«Te l'ho detto. In ufficio non mi sento utile, ed è come se tra i due fosse Filippo ad aver bisogno di attenzioni e conforto…»

«Tesoro, è solo l'inizio. Eri tu la prima a dire che ti

serviva tempo, quindi prenditelo! E poi tra non molto sei da me e facciamo il punto assieme, ok?»

«Va bene, stringerò i denti.»

«A che servono le amiche se non per assecondare le tue pessime decisioni e aiutarti ad affrontarne le conseguenze?»

Le chiamate con Carla erano l'ora d'aria dentro quello che le sembrava sempre meno un ufficio e sempre più una gabbia. Per via dei sensi di colpa non riusciva a essere sincera con Filippo, e allo stesso tempo, anche se avrebbe voluto lamentarsi, si sentiva, forse per la prima volta, in dovere di sostenerlo.

Col passare dei giorni divenne tutto più difficile, dall'entrare in ufficio con lui al passeggiare sotto i portici resistendo alla tentazione di passare davanti alla libreria, che si trovava lì vicino. Chiusa.

Filippo d'altronde glielo aveva sconsigliato. «Evitiamo di passarci davanti. In questi giorni staranno smontando tutto. Sarebbe una tortura, per te.» E lei gli aveva dato ragione.

Sebbene parlassero poco, in quei giorni lui era sempre molto affettuoso, persino troppo: le proponeva di andare al lavoro insieme, di pranzare insieme, di rientrare a casa insieme. Selene però avrebbe avuto bisogno di spazio, ma non sapeva come dirlo a lui né come ammetterlo a se stessa. Il solito silenzio confortante continuava a essere la medicina più adatta a loro, ma più passava il tempo più Selene ne diventava dipendente.

Una mattina Selene uscì di casa senza Filippo, che si trovava a Verona per un congresso, insieme al socio e a buona parte dei collaboratori. Sarebbe ritornato la sera all'ora di cena. L'ufficio era mezzo vuoto e silenzioso: c'erano solo un'altra impiegata e un paio di stagisti.

Selene era immersa nei suoi pensieri, quando un rumore la spaventò.

«Puoi datare tu tutti questi contratti, per favore?» le disse la collega, dopo averle sbattuto mezzo chilo di fogli sulla scrivania.

«Mi hai fatto paura... Sono davvero tanti.»

«Usa i timbri», rispose scorbutica la donna, mentre le voltava le spalle per tornare nel suo ufficio.

Selene iniziò a fatica, contratto dopo contratto, a segnare la data di quel giorno sui fogli. Ogni timbro la rendeva un po' più fragile.

«Adesso basta!» esclamò a un certo punto, alzandosi e gettando i contratti a terra, spargendoli sul pavimento come foglie al vento. Poi prese la borsa e uscì dall'ufficio in preda a un'agitazione crescente. Fuori c'era il sole, mentre quello che sentiva dentro di lei era una vera e propria tempesta. Si mise a camminare senza una meta, bruciava i sampietrini mentre tra sé ripeteva un discorso provato e riprovato negli ultimi giorni. Sembrava un'attrice senza compagnia in uno spettacolo senza pubblico.

«Io credo proprio di non voler più...» e s'interrompeva. «No, non è che non voglio. Devo dirgli che proprio non ci riesco», si rispondeva da sola. Poi riprendeva: «Filippo, ho deciso che probabilmente non posso più...» E ancora: «No, aspetta. Devo fargli capire che è meglio per entrambi...»

Tornò a casa decisa a levarsi di dosso quel peso. Si sciacquò il viso e rimase a guardarsi allo specchio. D'un tratto, decise di tirare fuori un vecchio rossetto che le avevano regalato. Non essendo solita metterselo, non l'aveva mai usato. Con due leggere passate, quel rosso bordeaux le accese le labbra. Poi chiamò Carla.

«Pronto, Selene, sono in Rai con un mio autore. Adesso è in camerino a prepararsi. Ho cinque minuti, poi ti devo lasciare, perché comincia la diretta.»

«Filippo, forse è meglio che io non venga più in ufficio», recitò Selene. «Rapido e indolore, si fa per dire. Che ne pensi?»

«No, così non va bene.»

«Ma allora come devo fare?» protestò Selene. «Non ce la faccio più a stare in quel posto.»

«Ok, calmati e respira. Non devi essere indecisa, altrimenti sembra che gli chiedi il permesso e finite per parlarne. Niente forse, nessun condizionale, nessuna via di fuga.»

«Quindi? Come devo fare?»

«Devi dirgli che hai già deciso e che da domani non andrai più in ufficio. Punto.»

«Ma così all'improvviso rischio che magari hanno bisogno di me e li lascio in difficoltà…»

«Selene», la interruppe bruscamente Carla, «non sei stata tu a dirmi che ti senti inutile? Lavori lì da un mese!»

«Sì, non è che io sia indispensabile…»

«Perfetto. E allora gli dici che da domani non ci sei più e basta. Altrimenti non serve a niente parlargliene.»

Selene sospirò.

«Lo sai che ho ragione», continuò l'amica.

«Sì, ma ho paura di dargli un dispiacere.»

«Sicuramente glielo darai, ma non è la sua vita, cazzo. È la tua. Meglio un dispiacere a lui che un torto a te stessa.»

«Ho capito», si arrese Selene. «Poi ci parlo.»

«Promettimelo.»

«Stasera, appena torna, glielo dico.»

«Cosa mi devi dire?» chiese la voce di Filippo alle sue spalle.

Selene stentò a riconoscerla. Dovette voltarsi per averne conferma.

«Mi hai spaventata», gli disse.

Lui la abbracciò e le accarezzò la schiena per tranquillizzarla.

«Carla, ti chiamo dopo, ok?»

Filippo sedette a tavola, versandosi un bicchiere di vino.

Il cuore di Selene batteva forte mentre cercava le parole giuste.

«Allora, cosa mi volevi dire?» chiese lui, bevendo un sorso.

«Ti volevo parlare del lavoro. Volevo dirti che voglio, o meglio che non voglio… Cioè che non posso…»

Filippo le afferrò la mano. «Cosa mi devi dire?»

«Filippo, devo cambiare lavoro!» Finalmente le parole si misero in fila da sole.

Lui restò per qualche secondo in silenzio, come se non avesse inteso bene. «Perché? Che vuoi fare?»

«Non lo so, ancora devo capirlo... Però so cosa non voglio fare.»

Filippo si passò una mano sugli occhi. «Selene, magari ne parliamo domani?» Sembrava improvvisamente molto stanco.

«No, ho bisogno di parlarne ora!»

«Amore, la trasferta è stata pesante. Domani parliamo di tutto, ok?»

«Filippo, io domani al lavoro non ci vengo.»

«Ne parliamo domani, ti ho detto.»

Selene rimase per qualche istante in silenzio, poi decise di soprassedere. Per la prima volta non si sentiva sopraffatta dalla piega che aveva preso la sua vita. Per la prima volta vedeva tutto molto chiaramente. Per la prima volta sapeva dare un nome all'emozione che la pervadeva: rabbia. E si sentì meglio.

«Sì, ok, non fa niente. Sistema tu la cucina, per favore.»

Poco più tardi si ritrovarono sotto le lenzuola, l'uno accanto all'altra, senza dirsi nulla.

I muri di casa li tenevano assieme, ma la discussione avvenuta li portò a rifugiarsi alle estremità opposte del materasso. Nessuno dei due riuscì a riposare, quella notte, il sonno disturbato da pensieri irrequieti.

Ho un debole
per chi mi restituisce l'importanza che gli do.
Per questo prima ti tratto come vorrei essere trattato,
poi ti tratto come mi tratti tu.

La mattina dopo, non appena sentì Filippo chiudersi la porta alle spalle, Selene si alzò e in mutande andò in cucina a farsi un caffè. Aveva la testa vuota. Finalmente.

Passò la mattina impegnata in piccole faccende domestiche senza senso. Rifece il letto, riordinò il guardaroba, cambiò un paio di volte l'orientamento del divano per dare un nuovo aspetto al soggiorno, come se anche la casa dovesse riflettere i cambiamenti della sua vita. Si preparò qualcosa da mangiare e nel primo pomeriggio si sedette a guardare la televisione.

Fece zapping per un po' fino a quando si imbatté in un documentario sulla Norvegia. Guardando le immagini dei fiordi, delle piccole casette colorate lungo i porti, delle foreste e dei suoi meravigliosi panorami, chiuse gli occhi e si immaginò in quei luoghi. Si vide tra gli alberi, con le montagne sullo sfondo.

Spense la tv solo quando comparvero i titoli di coda

del documentario. Sul tavolino accanto al divano scorse il romanzo che aveva iniziato a leggere la sera prima che la libreria chiudesse e che nelle ultime settimane aveva provato inutilmente a riprendere. Si lasciò trasportare nel cuore di quel romantico scenario, così diverso dai paesaggi scandinavi, ma nel giro di poche pagine le parole cominciarono a sovrapporsi e lei perse il filo. Forse in camera da letto sarebbe stata più comoda, si disse. Leggere distesa a letto per lei aveva il fascino delle giornate di vacanza.

Gli scuri erano leggermente socchiusi, e Selene si avvicinò alla finestra per far entrare luce.

Mentre apriva le ante, il suo sguardo cadde sul palazzo di fronte, su una stanza al secondo piano. Vide un uomo entrare nella camera con un asciugamano avvolto intorno alla vita. Doveva essere appena uscito dalla doccia, perché aveva ancora i capelli bagnati. Seduta sul letto c'era una donna molto bella, un po' più giovane di lei, con una cascata di capelli rossi che ricadeva sulle spalle nude. Indossava solo mutandine e reggiseno.

L'uomo le si avvicinò, spostandole delicatamente i capelli per baciarla sul collo. Selene ebbe l'impulso di richiudere la finestra, ma qualcosa la trattenne. Le mani della donna si arrampicavano sul corpo dell'uomo, in piedi davanti a lei, mentre lui si slacciava l'asciugamano e la donna si liberava di quel poco che ancora la copriva.

In un attimo i corpi dei due erano una cosa sola tra le lenzuola. Poi avvenne qualcosa di completamente inaspettato: in un gioco di movimenti, quell'uomo era diventato

Riccardo, lo sconosciuto che l'aveva sorpresa l'ultima sera in libreria, e che ora si riaffacciava nuovamente tra le sue fantasie. Il cuore le batteva sempre più velocemente mentre, al contrario, le sue cosce si sfioravano lente. Rimase incantata a fissare quell'uomo che scompariva alle spalle della donna dai capelli rossi. Andò a sdraiarsi sul letto. Fece scivolare una mano sotto la biancheria intima, concedendo alle sue dita di danzare come pennelli, dipingendo desideri sulla tela della sua pelle. Pensò intensamente a Riccardo, ai suoi occhi verdi, respirando sempre più veloce fino a quando si lasciò andare a un grido sussurrato di piacere.

Restò così, abbandonata sul letto, senza avere la consapevolezza del tempo che trascorreva. Non fece altro per tutto il resto del pomeriggio.

Verso le sette si fece una doccia e recuperò il cellulare che aveva lasciato sul divano.

Sul display c'erano due notifiche di WhatsApp. Il primo era un messaggio in cui Carla diceva di non vedere l'ora che fosse domani, per riabbracciarla. Il secondo era di Filippo: «Ti abbiamo aspettata tutto il giorno, in ufficio. Sono per strada, tra poco arrivo a casa».

5.

Devi voltare pagina.
Tre parole,
infiniti cambiamenti

Il giorno dopo Selene si svegliò con un senso di improvvisa urgenza. Non era in ritardo, eppure fece tutto di fretta. Si alzò dal letto, sfiorando appena la guancia di Filippo con un bacio distratto, come se fosse un dovere da compiere. Preparò la valigia in pochi minuti, saltò la colazione e trascinò il suo trolley fuori casa.

Ogni rinascita inizia da un piccolo ma determinante passo: quello con cui ci riappropriamo delle redini della nostra vita. È un passo che ci regala una pagina bianca per il nostro domani, ma per compierlo dobbiamo avere il coraggio di riscrivere completamente, da capo, la nostra storia. Ed essere pronti a tutto ciò che ci capita.

Il cielo era terso, le nuvole erano state spazzate da un vento gelido che soffiava tra le vie della città. Selene cercò riparo sotto i portici per mandare un vocale a Carla: «Sto andando a prendere il treno. Due ore e sono da te». Un paio di incroci dopo, mentre leggeva un messaggio di Filippo

(«Scusa, non mi sono svegliato. Ora cerco la forza di tirarmi in piedi e andare a quella maledetta convention. Divertiti da Carla»), la forza dell'abitudine le fece imboccare la strada per la *Libreria Vanni*.

Svoltato l'angolo rimase pietrificata. L'ingresso della libreria era interamente ostruito da un'impalcatura. Le vetrine erano oscurate da teli che nascondevano i lavori all'interno e sui quali erano stampati finti manichini che indossavano le anteprime delle nuove collezioni. IN ARRIVO era la promessa scritta ovunque. Sparsi sotto il portico c'erano secchi, martelli, strisce di nastro adesivo, livelle. Alzò lo sguardo, incredula.

Proprio in quel momento due operai stavano rimuovendo l'insegna storica che suo nonno aveva fatto realizzare decenni prima. Uno di loro sganciò il filo che teneva le prime due lettere, che caddero a terra. La L e la I si infransero come due tazzine di porcellana.

«Fermi! Cosa fate?!» urlò Selene, correndo verso di loro.

Un terzo, evidentemente il capocantiere, le si avvicinò per placarla: «Ma dove va lei? Si fermi, stiamo lavorando!» disse, trattenendola.

«Non mi tocchi! Queste insegne sono mie!»

«Stiamo solo facendo il nostro lavoro. Ci hanno detto di rimuovere l'insegna e di buttare tutto.»

«Vede cosa c'è scritto?!» continuò a urlare Selene, indicando le lettere che restavano sul muro. «Sono Selene Vanni, questa insegna ha un valore!»

«Scusate», disse qualcuno alle loro spalle. «Vi hanno

chiesto espressamente di distruggerla oppure semplicemente di rimuoverla e smaltirla?»

Selene riconobbe immediatamente quella voce. Era Riccardo Ferrari. Si girò di scatto con lo sguardo confuso, cercando di nascondere anche un lieve imbarazzo.

«Ma tu che ci fai qua?» riuscì a dire Selene.

Era vestito con un completo scuro e scarpe Oxford nere, laccate. Con lui c'era un altro uomo, decisamente meno elegante, alto, pochi capelli, una cravatta di cattivo gusto e una sigaretta tra le dita.

«Ho una camera al *Grimaldi*», le rispose Riccardo. «È qui vicino.»

«Sì, lo conosco… Tutti lo conoscono», disse Selene.

«È lei il capocantiere?» continuò Riccardo, con tono pacato ma deciso, rivolgendosi all'uomo che sembrava dirigere i lavori.

«Sì, sono io… Mi spiegate qual è il problema?»

Riccardo si avvicinò al capocantiere e gli disse qualcosa nell'orecchio.

L'uomo divenne immediatamente più ragionevole. «E per quelle rotte?» chiese.

Riccardo indicò la persona che lo accompagnava. «Raccogliete i pezzi. Ci penserà Angelo a dirvi cosa fare.»

E mentre l'uomo chiamato Angelo faceva cenno al capocantiere di seguirlo all'interno della libreria, Riccardo prese Selene in disparte.

«Non era necessario», lo anticipò lei. «Potevo benissimo cavarmela da sola.»

«Lo so, ma è una deformazione professionale. Quell'insegna ha un valore per chi lo sa riconoscere.»

«Ho capito, ma è mia!»

«Certo, non volevo appropriarmene. Stavo solo cercando di dare una mano», si affrettò a chiarire lui. Guardò il trolley che Selene aveva abbandonato sul pavimento alla veneziana dei portici, qualche metro più indietro. «Hai un treno da prendere?»

Selene guardò l'orologio. «Sì... E sono già in ritardo!»

«Lascia che ti aiuti, allora», insistette Riccardo. «Ora Angelo si preoccuperà di farla portare a casa mia, dove sarà al sicuro.»

«Ma non stai al *Grimaldi*?»

Lui esitò qualche secondo prima di rispondere: «Sì, ma casa mia è fuori Bologna, e in questi giorni ho bisogno di stare in centro. E stai tranquilla, ci penso io a riportarti l'insegna».

«Questo posso accettarlo», disse Selene. Poi infilò una mano nella borsa, da cui tirò fuori un'agenda e una penna. La aprì e scrisse il suo numero di telefono su una pagina. La strappò e gliela porse. «Rientrerò a Bologna in settimana. Chiamami tu o fammi chiamare dal tuo...»

«Angelo», fece lui. «Va bene, non ti preoccupare, ti chiamo io. Ora corri a prendere il tuo treno.»

Selene si lasciò scappare un sorriso, prima di andarsene. Mentre correva in direzione della stazione, si voltò per quel «grazie» che per distrazione le era sfuggito, ma Riccardo era già troppo lontano.

Basta impegnarsi di più.
Ogni tipo di relazione, che sia amicizia,
amore o altro, richiede responsabilità emotiva.
Non puoi nasconderti per sempre dietro a un:
«Io sono fatta così»,
perché se sei consapevole di far male
a qualcun altro e non cerchi di modificare
i tuoi atteggiamenti, allora il problema sei tu.

Una volta a Milano raggiunse Carla nella nuova casa in via Lincoln, in uno dei quartieri più belli e caratteristici della città: camminare in quelle vie era come fare un tuffo nel passato, tra ville color pastello e balconi adornati di fiori. Carla e Adrian avevano preparato un rinfresco e invitato gli amici per l'inaugurazione.

Accolsero Selene direttamente sulla porta con un prosecco. Mentre la accompagnavano per il tradizionale tour della casa, Selene non si soffermò sui dettagli degli arredi o sui soprammobili di lusso che arricchivano ogni angolo, ma fu come rapita dalla loro grande complicità: la si percepiva in ogni loro sguardo, in ogni scambio di battute, in ogni singolo gesto.

Probabilmente è questo il vero amore, pensò, e si chiese quando e come lei e Filippo avevano potuto aver sbagliato qualcosa.

In fondo, si disse, amarsi era quello: non condividere

semplicemente il presente, ma costruire insieme il proprio futuro.

Nel giro di poco la casa si popolò. Carla presentò Selene a una quantità infinita di editor, autori, agenti, e Adrian fece altrettanto con avvocati e legali. Selene si lasciava trascinare di conversazione in conversazione, senza sentirsi mai a disagio. Anzi, divertendosi. Nella casa regnava un'atmosfera elegante e rilassata. A un certo punto della serata si ritrovò di nuovo a pensare a Filippo. Forse avrebbe dovuto sentirne la mancanza, desiderarne la presenza al suo fianco, in una situazione del genere, ma la verità era che, dopo molto tempo, si stava godendo una serata da sola, senza troppi pensieri.

«E tu di cosa ti occupi?» le chiese un uomo sui trent'anni a cui aveva stretto la mano mezz'ora prima e di cui non era riuscita ad afferrare il nome. Indossava una camicia a righe sotto una giacca blu, che gli segnava le spalle da nuotatore.

«In questo preciso momento mi sto impegnando per non versare il valpolicella sul tappeto persiano», rispose lei, mentre si faceva un piccolo rabbocco.

Lui si mise a ridere.

«Mi hanno presentato così tante persone, stasera, che ricordo a malapena il mio nome...» si scusò Selene.

«Tommaso.»

«Ecco, Tommaso», fece lei. «Io sono...»

«Selene, lo so», la anticipò lui.

«Esatto!» esclamò lei, a voce troppo alta. Un paio di persone si voltarono verso di loro.

Imbarazzata, abbassò lo sguardo. Lui le sorrise di nuovo.

«Quindi non me lo vuoi dire?» le chiese.

«Dirti cosa?»

«Di cosa ti occupi.»

«Ora che ho versato anche il vino, di nulla.»

«Ok... Va bene, messaggio ricevuto», si scusò lui. «Non lo chiedo più.»

«Ma no, che hai capito?» Questa volta fu lei a sorridere. «Dico sul serio. In questo momento non ho nulla di cui occuparmi, se non di me stessa. Avevo una libreria. Di famiglia. Da tre generazioni. Ma ora non c'è più. Al suo posto ci faranno una boutique d'abbigliamento.»

«Mi spiace.»

«Oh, non dispiacerti. Erano anni che il mio fidanzato mi ripeteva che avrei dovuto venderla, o affittarla. E alla fine l'ho fatto.»

«Che disdetta...» disse Tommaso.

«No, per favore. Ci ho messo mesi a decidermi, e l'ultima cosa di cui ora ho bisogno...»

«Che disdetta che tu abbia un fidanzato, dico», precisò lui, sfacciato.

Lei non lo avrebbe mai ammesso, ma quelle parole, anche se un po' eccessive, la lusingarono. Però cercò immediatamente una via di uscita. «E tu?»

«Io no», allargò le braccia. «Single.»

«Intendevo dire... Di cosa ti occupi?»

La sicurezza di Tommaso sembrò evaporare all'istante. «Sono un redattore editoriale. Lavoro con Carla.»

«Avrei detto che fossi un giovane avvocato o cose del genere.»

«Perché?» chiese lui.

«Ma niente... Sciocchezze.»

In un angolo della sala Selene vide riapparire Carla, che era scomparsa dai radar da almeno mezz'ora. Forse era meglio correre ai ripari. «Scusami, Tommaso, vado dalla padrona di casa. Piacere di averti conosciuto.»

«Come si chiamava?» le domandò lui prima che lei si allontanasse.

«Chi?» rispose Selene, voltandosi.

«La libreria. Come si chiamava?»

«*Libreria Vanni*», disse lei. Poi si affrettò a raggiungere Carla, che stava salutando una coppia di amici diretti a cena.

«Ci vediamo alla proiezione?» le chiese la donna, infilandosi il cappotto.

«Certo», rispose Carla. «A domani.»

«Quale proiezione?» domandò Selene non appena si ritrovarono sole.

«Un film tratto da un libro che ho seguito. Quella che ho salutato è il nostro ufficio stampa, almeno per ora», spiegò distrattamente Carla.

«Perché?»

«Perché tra pochi giorni se ne va a Londra, e dovremo trovare una sostituta», tagliò corto. «Piuttosto... Ti ho vista, sai?»

Selene sollevò il calice. «Senti, ho pensato che un bicchiere in più in questo momento non può farmi male.»

«Non sto parlando del vino. Ti ho vista con Tommaso», la corresse. «Vedo che non hai perso l'occhio.»

«Per carità», sbottò Selene. «È un ragazzino, e non mi servono altri casini.»

«Ha trent'anni. Smettiamola di chiamarli ragazzini. E poi un flirt non ha mai ammazzato nessuno.»

«Non stavo flirtando...» protestò lei.

«Se lo dici tu. Vieni, accompagnami a prendere un bicchiere, non ho fatto altro che salutare gente, finora.»

Un paio d'ore dopo la casa si era svuotata. Selene aiutò Carla e Adrian a portare gli avanzi del rinfresco in cucina. Poi si fumarono tutti e tre una sigaretta. Selene disse di essere molto stanca, Carla la accompagnò nella camera degli ospiti e le augurò la buonanotte. Lei si infilò nel letto e dormì un sonno profondo, come non le accadeva da molto tempo.

Una fantasia non fa male a nessuno,
a meno che quella fantasia non diventi realtà.
E allora bisogna fare i conti con le sue conseguenze.

QUANDO entrò in cucina, la mattina dopo, in pantofole e pigiama, Selene trovò Adrian già vestito in completo blu gessato.

«Buongiorno, Selene. Dormito bene?»

«L'ultima volta che ho dormito così bene avevo otto anni», rispose lei, stropicciandosi gli occhi. «E Carla? È sveglia?»

«Dorme ancora», rispose Adrian, finendo il suo yogurt e mirtilli in piedi, appoggiato al piano cottura. «Io purtroppo devo andare in studio, anche se è sabato: ho una riunione tra non molto. Ma lei, che io sappia, oggi è tutta per te.»

Selene si sedette di fronte all'ampia tavola della cucina. «Se la prende comoda, la signora di casa...»

«Stasera c'è una festa. L'evento è in un posto pazzesco, Villa Clerici. Carla ci tiene molto che ci sia anch'io. E anche tu.»

«Ma io non ho niente da mettermi!»

In quel momento la sagoma di Carla si stagliò sulla porta. «Per quello non ti devi preoccupare. Ho già preparato un paio di abiti miei che ti possono andare bene.»

Selene si voltò a guardarla con un'espressione di rimprovero. «Sei la solita...»

«Scusa, ieri tra una cosa e l'altra mi sono dimenticata di dirtelo.»

«Io vado. Ci vediamo stasera direttamente a Villa Clerici», le interruppe Adrian, posando la tazzina nel lavandino e avvicinandosi a Carla per darle un bacio sulla bocca. «C'è ancora del caffè caldo, se vuoi», le sussurrò, prima di baciarla una seconda volta. Passò una mano sulla spalla di Carla e uscì dalla cucina. Pochi istanti dopo era fuori di casa.

Carla prese la sua tazzina e un pacchetto di biscotti dalla dispensa e si sedette davanti a Selene. «A un certo punto ieri sera ho pensato di dirtelo, ma tu stavi flirtando con Tommaso.»

Selene afferrò un biscotto. «Primo, nemmeno ricordo più come si flirta...» Diede un morso a un frollino con gocce di cioccolato. «Secondo, io nei tuoi vestiti, cara la mia stronza, non ci entro nemmeno!»

«Non dire cazzate!» tagliò corto Carla, con un gesto della mano.

«Te lo posso assicurare. Ho preso troppi chili, ultimamente.»

Carla la osservò. «Per me resti sempre bellissima.»

«Sarà...» commentò Selene. «Io però mi faccio schifo.»

«Vallo a dire a Tommaso. Vallo a dire a quel tipo che è passato in libreria. Come si chiamava?»

«Riccardo.» Selene ripensò con un certo imbarazzo alle sue recenti fantasie. Non succedeva dal liceo, probabilmente, che qualcuno le occupasse la mente con quella prepotenza. Ma a Carla non lo disse.

Subito dopo sembrò incupirsi.

Carla fece scivolare le mani sul tavolo per afferrare le sue. «Ehi, che ti prende?»

«Non capisco nulla, Carla. È come se non fossi più convinta di nulla. Ho paura di prendere qualsiasi decisione, persino le più piccole…»

«Hai parlato con Filippo, Selene?»

La domanda era molto diretta, come solo un'amica può permettersi di fare.

«Ci ho provato, ma è come se non avessi più la forza di dirgli la verità.»

«Be', ora nel suo ufficio non ci vai più. Su questo sei stata chiara.»

«Su questo sì…»

Carla non le aveva ancora lasciato le mani. Le strinse più forte. «Che altro vuoi dirgli, Selene?»

«Ultimamente mi sembra davvero che lui non capisca…» disse lei, passandosi una mano nei capelli. «Pensavo di essere io il problema, ma ora comincio a convincermi del contrario. O perlomeno che quella della coppia a cui manca qualcosa non sono solo io.»

«Questa è la prima volta che ti sento dare qualche colpa anche a lui.»

«Lui c'è sempre stato, e in fondo c'è anche adesso», rifletté Selene ad alta voce. «Forse, però, non nel modo che vorrei...»

«E tu?»

«Io?»

«Tu ci sei ancora?»

«Non penso di poter provare con nessun altro quello che ho provato e provo per lui.»

Carla fu sul punto di rispondere, poi ci ripensò e cambiò discorso. «Senti, c'è un'altra cosa che non ti ho detto...» Si rialzò e andò ad aprire il frigorifero, poi si voltò verso Selene. «Ieri ho fatto la spesa e ho preso quello che serve. Abbiamo tutta la mattina per noi, e ora tu, volente o nolente, mi insegni una volta per tutte come si preparano delle lasagne alla bolognese degne di questo nome.»

Se una persona non ha tempo
per dedicarti le sue attenzioni,
sicuramente non lo troverà nemmeno
per dedicarti i suoi sentimenti.
Volta pagina, l'amore non va mai elemosinato.

Trascorsero l'intera giornata assieme. Le lasagne erano venute alla perfezione, anche se Selene non era sicura di poter affermare che Carla avesse realmente appreso il segreto di un ragù fatto ad arte. Il risultato comunque soddisfò entrambe. A pranzo avevano evitato di riaprire la questione Filippo. Nel pomeriggio Carla si era dedicata a un paio di telefonate con autori in crisi di creatività, mentre Selene si era concessa un giro in centro. Al suo rientro Carla le sventolò sotto il naso un tubino nero, semplice ma elegantissimo, e un paio di *décolleté* davanti alle quali Selene scosse ripetutamente la testa. «Te lo scordi, io lì dentro non mi ci infilo.»

L'amica però sapeva essere molto convincente, e a tu per tu con lo specchio, fasciata dal tubino e slanciata dai tacchi, Selene non poté fare a meno di darle ragione. Sì, forse l'abito le segnava un po' i fianchi, ma per il resto stentava quasi a riconoscersi.

«Sei uno schianto!» commentò Carla, dandole un bacio sulla guancia. Poi si ritirò per qualche minuto in camera sua e ne uscì con indosso un ricercato tailleur verde smeraldo sopra una camicia bianca leggermente oversize.

Si infilarono i cappotti, entrambi di Carla, e chiamarono un taxi. Quando arrivarono, Villa Clerici era già gremita di gente.

«Adrian ci aspetta dentro», disse Carla, e intanto Selene faceva correre lo sguardo sul tappeto rosso che dall'ingresso del cancello si stendeva fino alla facciata maestosa.

«Io non so perché ti do sempre retta», commentò Selene, mentre Carla la prendeva a braccetto per condurla all'interno.

Il giardino di Villa Clerici era meraviglioso: un disegno all'italiana con fontane, statue e aiuole curatissime, con tavolini e divanetti riscaldati e illuminati dalla luce di mille candele. All'interno, dove si sarebbe svolto l'evento, c'erano centinaia di invitati, giornalisti, gente dello spettacolo e attori, tra cui Selene riconobbe almeno un paio di volti noti.

«E Adrian come lo troviamo qui dentro?»

«Selene, tu rilassati. Io sono qui per lavoro, ma tu devi solo pensare a divertirti e a goderti il film, sperando che abbiano fatto una cosa decente.» Riconobbe un collega, non lontano, accanto alle colonne di una cappelletta, e alzò una mano per farsi vedere. «Senti, io ora devo per forza salutare un po' di persone. Tu vieni con me?»

«No, non preoccuparti. Mi faccio un giro e vedo se trovo Adrian.»

«Ti ho fatto tenere un posto accanto a me tra le prime file. Male che vada ci becchiamo poco prima della proiezione.»

Rimasta sola, Selene si aggirò tra i capannelli di persone che bevevano cocktail, sorseggiavano vino o mangiavano dai piccoli piatti pescati con disinvoltura dai vassoi dei camerieri in livrea. Ascoltò brandelli di conversazioni che afferrava qua e là, fino a quando la trovò Adrian.

«Eccoti!» disse lui. «Ti cercavo.»

Ad accompagnarlo c'era Tommaso.

«Adrian!» lo salutò Selene, sollevata. «Siete amici, voi due?»

«Una volta Adrian cercava un decimo uomo per una partita tra avvocati e Carla gli ha fatto il mio nome. In realtà spero di essere assunto nel suo studio, prima o poi...» disse Tommaso. «Lo dico sempre a Carla. Per lavoro tutti e due leggiamo e correggiamo testi.»

«Solo che i miei sono molto più noiosi», sorrise Adrian.

«Ma il lavoro è pagato molto meglio», replicò Tommaso.

«Dissero quelli che ancora ce l'hanno, un lavoro», commentò Selene con un mezzo sorriso.

«Quand'è che hai chiuso la libreria?» le domandò Tommaso.

«Due mesi fa, più o meno. Ma sembra passata una vita.»

«Credo stia per iniziare la proiezione», li interruppe Adrian.

Si diressero verso le poltrone e si divisero: Selene e Adrian verso le prime file, dove li aspettava Carla; Tommaso più indietro, assieme al resto della redazione.

«Come va?» sussurrò Carla a Selene.

«Bene. E tu?»

«La solita recita. Tutto secondo copione, ma almeno il buffet è ottimo.»

Sullo schermo comparvero le prime immagini della Sicilia dell'Ottocento: salotti di ricchi borghesi, uomini con grandi baffi e favoriti, donne avvolte in abiti lunghi e vaporosi, tutti impegnati nell'eterno gioco di società: sesso e potere.

Selene seguì con interesse la prima metà della pellicola, poi i suoi pensieri presero il sopravvento e il film passò in secondo piano. Per un attimo diventò spettatrice della sua stessa vita: che ci faceva una trentacinquenne in mezzo a una platea di sconosciuti, in abiti non suoi, lontana da casa, lontana dall'uomo con cui aveva condiviso gli ultimi sei anni?

Le scene del film si susseguivano senza che lei riuscisse più a riannodarne i fili, quindi decise di alzarsi. Si protese verso Carla. «Scusa, devo andare a fumarmi una sigaretta», le sussurrò.

«Vuoi che venga con te?»

«Ma no, figurati. Torno subito.»

Sgattaiolò fuori dalla sala e uscì in giardino. Poi si accese una sigaretta dopo essersi seduta su uno dei divanetti. Non ne aveva ancora fumata mezza, quando riconobbe la sagoma di Tommaso avvicinarsi.

Lei lo accolse dicendo: «Stai provando a farti denunciare per stalking?»

«Senti, volevo scusarmi per ieri sera.»

«Scuse accettate.»

Lui restò in piedi davanti a lei ed esitò qualche secondo prima di parlare: «Posso sedermi con te a fumare?»

Gli allungò il pacchetto di sigarette, ma lui tirò fuori dalla tasca della giacca una busta di tabacco. «Grazie, ho le mie.»

Ne rollò una e l'accese. Fumarono in silenzio per un po'.

«Fammi indovinare», chiese a un tratto Selene, spegnendo la sua sigaretta sotto i tacchi, ma restando seduta sul divanetto. «Ti sei appena lasciato?»

Lui sorrise a testa bassa. «Cosa te lo fa dire?»

«Non mi sembri il tipo che abborda donne alle feste con frasi ridicole da grande amatore», disse Selene. «Com'è che hai detto ieri? 'Che disdetta che tu sia fidanzata, dico'», recitò imitandolo.

«*Touché.*»

«Quindi? Che è successo?» lo incalzò lei.

«È successo che anni fa, all'università, a un seminario di cinema, ho conosciuto la ragazza della mia vita. O almeno così credevo...»

«È stata lei a spezzarti il cuore?»

«Ce lo siamo spezzati entrambi. Da quel giorno, quando ci siamo visti per la prima volta, non abbiamo mai smesso di stare insieme. Sette anni.»

«E poi?»

«Poi un giorno ho perso il mio migliore amico. Un incidente. Ho sofferto molto, così tanto che a un certo punto mi ci sono affezionato, a quel dolore. E ho cominciato a pensare che nessuno potesse capirla, quella sofferenza. Nemmeno lei.»

«Mi spiace», si limitò a dire Selene.

«Tutto era diventato secondario. Sentivo che quella relazione mi stava stretta. Mi sono detto che la vita andava vissuta fino in fondo, e non dovevo porre limiti alla mia libertà.»

«Quindi sei tu che l'hai lasciata?»

«Già. Ma nel giro di pochi mesi mi sono ricreduto. Non troverò nessun'altra come lei, mi ripetevo, siamo fatti l'uno per l'altra.»

«E sei tornato indietro...»

Tommaso fece di sì con la testa, mentre prendeva l'ultima boccata di fumo. «E ho capito che la frase 'Non è mai troppo tardi' non vale nulla contro 'Io non ti amo più'.»

«Ti ha detto così?»

«'Io non ti amo più, Tommaso.' Così mi ha detto.»

«Questa fa male...» non poté fare a meno di commentare Selene.

«Com'è possibile che la donna della tua vita ti dica una cosa del genere?»

Qualcosa in lei scattò.

«È solo arrabbiata, mi ripetevo», continuò Tommaso. «Ma lei non è mai tornata indietro. Ho sempre pensato di essere io quello forte dei due, ma la verità è che non ho mai avuto nemmeno un briciolo del suo coraggio. Lei non ha mai avuto paura di credere fino in fondo ai suoi sentimenti, senza calcoli, senza pensare a quello che le sarebbe convenuto fare o non fare.»

«Non lo so...» sospirò Selene.

«Scusa, non volevo ammorbarti.»

«Essere innamorati è facile», continuò lei, senza ascoltarlo. «Amare è molto più difficile. Per me c'è chi ha voglia di lottare per proteggere quello che ha di prezioso e chi questa voglia non ce l'ha. Tutto qui.»

Lui annuì in silenzio, poi si alzò. «Ci conviene tornare ai nostri posti. Non vorrei perdermi il finale.»

«Ma il finale lo sai già», disse lei, rimettendosi in piedi.

«E quale sarebbe?»

«Era meglio il libro.»

Tornarono alla proiezione. Selene si rimise a sedere accanto a Carla, che bisbigliò: «Ti sei fumata il pacchetto intero?»

«Carla, ti dispiace se finito il film me ne torno subito a casa? Ho le chiavi.»

«Non ti senti bene?»

«No, è solo che devo dormire. Domattina voglio prendere il treno per Bologna.»

«Ma non dovevi tornare lunedì?»

«Sì, ma ho deciso di anticipare. C'è una cosa che devo fare.»

Prima o poi si giunge alla conclusione
che non si può sempre aspettare.
Hai superato da tempo il limite oltre cui
non ne vale più la pena, e a quel punto
non puoi più mettere al primo posto
chi ti tratta da seconda scelta.
A quel punto o volti pagina
o chiudi direttamente il libro.

Selene salì le scale con il cuore in gola e si fermò davanti alla porta, con le mani che tremavano. Cercò di tranquillizzarsi, respirando profondamente. Era strano, provò un'inquietante sensazione di *déjà vu*: stava per rivivere una scena che aveva già consumato mille volte nella sua testa. Si fece coraggio e aprì.

Filippo era rientrato la notte precedente dalla convention. Stava leggendo il giornale, mentre sorseggiava una spremuta.

«Ciao, amore», le disse, alzandosi per baciarla. «Ma non dovevi tornare domani?»

«Sì, ma ho bisogno di parlarti, Filippo, e non potevo più aspettare.»

Selene aveva un tono più freddo del solito e lui si fece subito serio e si irrigidì, evitando di abbracciarla.

«Amore, lo so che ultimamente le cose tra noi non sono andate alla grande. Colpa mia che non sono stato troppo presente. Però ora...» Sembrava voler fuggire davanti all'ennesima richiesta di confronto.

Ma questa volta Selene non aveva intenzione di cedere. «Filippo, non è colpa tua. È proprio questo il punto.» Lo guardò negli occhi, mentre sentiva lo stomaco chiudersi in una morsa di tensione. «Ho troppe cose da dirti e non so da dove iniziare...»

Le si affollarono nella mente parole pesanti come macigni. Fece un respiro profondo. Era il momento, non poteva più aspettare. La sofferenza di quella decisione si stava gonfiando nel suo petto, finché in pochi secondi divenne insopportabile. Le parole uscirono da sole: «Sto per prendere una serie di decisioni difficili di cui forse mi pentirò, ma sento che è necessario...»

«Selene, se ti riferisci alla decisione di non lavorare più nel mio ufficio, non fa niente. Ci ho pensato anch'io, in questi giorni, e forse hai ragione. È meglio per tutti...»

Prima che le lacrime potessero tradirla Selene si allontanò verso la finestra e si accese una sigaretta guardando fuori.

«Dobbiamo prenderci una pausa», disse, senza voltarsi.

Lui si rifiutò di capire, avvicinandosi a lei per abbracciarla.

«No, Filippo», si scostò infastidita. «Ma non hai ancora capito?»

«Cosa c'è da capire? È normale che ci siano momenti in cui le cose non vanno.»

Lei lo guardò nuovamente negli occhi, ma questa volta senza più trattenere le lacrime. «No, Filippo, non sono momenti. Sono anni, e io non voglio abituarmi a questa normalità, perché non è più amore.»

Filippo si rese conto, forse per la prima volta, che c'erano tante cose che non aveva mai capito di Selene.

Con la voce spezzata lei soffiò fuori tutto quello che aveva dentro.

«Filippo, io credo di non amarti più.»

Lui indietreggiò come se quelle parole lo avessero colpito direttamente allo stomaco.

«Così non può andare avanti.»

«Ti prego Selene, non farlo…»

«Perché, pensi che per me sia facile?» continuò lei tra le lacrime. «Che tu lo capisca o no, io ho bisogno di prendermi del tempo per stare da sola.»

«È davvero quello che vuoi?» chiese Filippo, con la voce rotta.

Lei annuì, asciugandosi le lacrime. Non aveva altro da aggiungere. Ci sono giorni in cui il dolore va attraversato.

6.

Felice ma non troppo

«HAI lasciato qualcosa che credevi ti avrebbe aggiustata, ma non sei ancora felice», disse la cartomante guardandola negli occhi.

«Stendiamo un velo pietoso su quello che è stato, per favore...»

«Selene, dai. Fai la seria», la riprese Cinzia.

Erano avvolte dalla nuvola profumata di incenso che saliva fino al soffitto del piccolo studio di Galatea, «Stelle e Tarocchi».

«Devi avere pazienza, Selene. Sei una donna coraggiosa, ma non hai ancora finito la tua trasformazione», sentenziò la cartomante, facendo oscillare il suo pendolo sulla carta astrale.

«Che vuol dire?»

«Sei ancora un bruco nella crisalide. Non puoi pretendere di volare come una farfalla.»

«Ok, ma dimmi almeno se...»

«Sshh!» la interruppe, guardandola di sbieco. «Tu hai sofferto tanto. Un giorno volerai, ma prima devi uscire dal tuo involucro.»

Selene stava cercando di non ridere. Dietro di lei Cinzia le accarezzava affettuosamente le spalle.

«Devi imparare a portare la prospettiva da fuori a dentro. Ora guardi troppo quello che ti circonda e non quello che abita in te. L'uomo che hai lasciato da poco… Hai fatto bene a chiudere quel capitolo, non ti faceva bene. Ma non basta!»

«Come, scusi?» chiese Selene, sbigottita.

«Troppe volte dai la colpa alle cose di fuori e non cerchi di riparare quello che hai rotto dentro.»

Rimasero tutt'e tre in silenzio, guardandosi come in un film di Sergio Leone.

«La perdita dei genitori ti ha lasciato un vuoto, vero?»

Selene si sentì rabbrividire. Guardò Cinzia scioccata, poi si schiarì la voce con un colpo di tosse, per cercare di darsi un contegno.

«Cosa vedi allo specchio quando ti guardi negli occhi?»

«Ultimamente, quando mi guardo allo specchio anche lo specchio mi guarda male…»

La cartomante fece cadere all'improvviso il pendolo sul tavolo. «C'è un uomo…» esclamò.

«E chi è?» non si trattenne Cinzia.

Selene fece un gesto, come per scacciare una mosca. «Se c'era non mi ha più richiamata… Sparito nel nulla.»

Ma Galatea continuò imperterrita. «C'è un uomo che

ti verrà a riprendere molto lontano, ma tu dovrai essere pronta...»

«Cosa significa?»

«I vuoti li devi riparare da sola», concluse la cartomante. Poi restò in silenzio, prese la mano di Selene e se l'avvicinò al viso, strizzando gli occhi. «Uh, eccola!» gridò.

«Che succede?» chiese Cinzia trepidante.

«Qui, qui...» bisbigliò Galatea indicando una piega tra il pollice e l'indice di Selene. «Qui ci sarà un grande incontro.»

«Ma con chi?» protestò lei.

«Posso solo dirti che è qualcuno senza cui non saresti diventata la persona che sei ora.»

«Vabbè, Jane Austen, ma non credo che la troverò sotto i portici...»

«Dovrai andare lontano, molto lontano. In un posto freddo.»

«Non volevi andare in Norvegia?» sobbalzò Cinzia.

«Sì, ma era solo un'idea. Comunque, dimmi una cosa, Galatea...»

La cartomante chiuse platealmente gli occhi. «Ti ascolto.»

«Ci devo andare o no all'inaugurazione della libreria?»

«Non è più una libreria», puntualizzò la cartomante.

Selene sgranò gli occhi. «Vabbè, ma questo glielo hai detto tu, dai...» bisbigliò a Cinzia, che fece segno di no con la testa.

«Far finta che le cose siano come sempre, anche se è cambiato tutto, può essere molto pericoloso.»

«Ok, ho capito. Ci vado», disse, arrendendosi alle parole di Galatea. «Per oggi va bene così. Andiamo, Cinzia.»

Si alzò, prese a braccetto l'amica e insieme uscirono dallo studio della cartomante. Dopo tutto quell'incenso avevano entrambe bisogno di fare due passi all'aria aperta.

Era una serata tiepida di maggio, che profumava già d'estate.

«Che differenza fa se non ci vai?» chiese Cinzia.

«Quella pazza dovrebbe dare aria a quello sgabuzzino, di tanto in tanto. Però ha ragione», rifletté Selene. «Non ha senso continuare a difendere le cause perse. Vederla mi farà bene.»

«Ok», tagliò corto Cinzia, che non sembrava troppo convinta. «Beviamoci su.»

Camminarono fino a Piazza Minghetti, dove si fermarono a cenare con tigelle fresche e due calici di cabernet.

Concluse così un altro venerdì della sua nuova vita, al termine di un'altra settimana del suo nuovo lavoro e, nonostante le ferite aperte nascoste sottopelle, quella sera riuscì a sentirsi leggera.

Erano passate ore strazianti, giorni tristi, settimane faticose e quasi quattro mesi dalla sera in cui aveva lasciato Filippo. La casa, piena di ricordi condivisi, ora sembrava mezza vuota. Aveva attraversato un periodo di forti turbamenti emotivi e sentimenti contrastanti, fragili come cristalli. Una fase di assestamento, si diceva. Ed effettivamente, più passava il tempo e più gli alti e i bassi di ogni giornata avevano iniziato a stabilizzarsi.

Giorno dopo giorno una lieve sensazione di libertà aveva cominciato a crescerle dentro. D'altronde il cuore è una bussola fantastica, ma quando per troppo tempo lo carichiamo di troppi pesi, la lancetta che ci deve guidare impazzisce e rischiamo di perdere il senso di ciò che vogliamo veramente. E quando alla fine lo alleggeriamo dalle sue zavorre, occorre comunque tempo prima che ci si possa orientare di nuovo. È come quando portiamo a lungo un paio di occhiali o un gioiello, e anche dopo averli tolti continuiamo a sentire il loro peso, come se li avessimo ancora addosso.

Selene aveva sempre cercato di mantenere a distanza di sicurezza i cambiamenti. Non amava viaggiare, se non attraverso i libri, non amava cercare la felicità altrove; preferiva stare ferma a contemplare la sua quotidianità e cercare in quel quadro così tranquillo i motivi per essere felice. Le era sempre andato bene anche un «quasi».

Eppure qualcosa nell'ultimo periodo aveva stravolto tutte le sue convinzioni. Prima la chiusura della libreria, poi la fine della storia con Filippo, entrambi punti fermi della sua vita da cui ora si era separata.

Filippo non aveva voluto rimanere in casa con lei, la sera in cui si erano lasciati, anche se Selene si era offerta di dormire sul divano. Aveva preso la valigia ancora intatta dopo il viaggio di lavoro e se n'era andato. Così si era chiuso l'ultimo capitolo di un libro che già da tempo aveva iniziato a concludersi. Dopo alcuni giorni di distanza e silenzio era tornato per recuperare le sue cose.

Era stato un incontro inaspettatamente tranquillo. Entrambi erano determinati a non peggiorare ulteriormente la situazione. Filippo aveva fatto le valigie lentamente, come se sperasse che Selene cambiasse idea e lo fermasse. Lei era stata combattuta: da un lato sapeva che era giunto il momento di chiudere quella pagina della sua vita, dall'altro il legame affettivo che per tanto tempo l'aveva unita a Filippo rendeva difficile accettare la realtà.

Ma ci sono momenti nella vita in cui sai che devi andare avanti, anche se non hai perfettamente chiaro il motivo.

Scopri il piacere di goderti il rumore dei tuoi passi
mentre ti allontani da ciò che ti allontana
dalla felicità.

Filippo impiegò due pomeriggi e una mattinata per portare via tutte le sue cose.

«Chiamami se trovi qualcosa che ho dimenticato.»

Non lo farò, aveva pensato Selene. «Certo!» aveva risposto.

«E tu fatti sentire nei prossimi giorni, anche solo per farmi sapere come stai, ok?»

Non lo farò, aveva pensato Filippo. «Certo!» aveva risposto.

Durante le prime settimane non si erano più sentiti. Nemmeno una breve chiamata o un messaggio. Lei lo cercava spesso di notte, e i primi giorni di separazione aveva pianto. Lui era andato a vivere in una piccola mansarda di famiglia, poi aveva trovato una casa nuova, non lontana dallo studio.

Anche Selene si era messa alla ricerca: non di una casa, ma di un nuovo lavoro. E lo aveva cercato con molta determinazione. Trascorreva le giornate mandando curriculum, affrontava colloqui e valutava diverse posizioni, ma nulla sembrava andare bene per lei. Era come se stesse cercando il senso della vita in ogni offerta di lavoro che valutava.

Inizialmente aveva provato persino rabbia nei confronti di Filippo, e si sentiva in colpa con se stessa per aver accettato una serie di decisioni non del tutto sue. La frustrazione cresceva, e in un momento di sconforto, durante un colloquio telefonico di lavoro, era arrivata persino a strappare una foto in cui lei e Filippo si sorridevano felici. Sentiva il bisogno urgente di sfuggire all'ingranaggio che l'aveva soffocata.

Passava la maggior parte delle sere a correre: da casa sua, nel centro di Bologna, fino a San Luca. Arrivava in cima al colle e si fermava a guardare per un quarto d'ora la città illuminarsi. Era affaticata dall'estenuante ricerca di un lavoro, eppure al tempo stesso si sentiva sempre più leggera. Giorno dopo giorno, i vuoti lasciati da Filippo si facevano sempre meno dolorosi. Offerte di lavoro ne riceveva, ed era arrivata anche a valutare l'idea di provare a fare l'agente immobiliare, ma Carla l'aveva convinta a non accettare un lavoro che non le appartenesse veramente.

«Il corso per avere il patentino di agente immobiliare è abbastanza breve. Potrei provarci...»

«Da quando in qua ti piace cercare e vendere case, Selene?»

«Non lo so se mi piace. Però almeno non è un lavoro d'ufficio...»

«Anche pilotare un aereo di linea non è un lavoro d'ufficio, ma tu soffri di vertigini!»

«Però non sono allergica alle case!»

«Tu devi seguire la tua passione e quello che sei brava a fare!»

«Cioè?»

«È quasi un mese che mandi curriculum e respingi offerte di lavoro. Devi fare qualcosa che abbia a che fare con i libri, Selene!»

«La fai facile, tu, che stai a Milano. Io vivo a Bologna!»

«Non hai pensato di riaprire la *Vanni* ma in un altro posto?»

«Figurati! La *Vanni* può essere solo là dove mio nonno l'ha aperta.»

«A proposito… Quel tale, Riccardo, ti ha poi ridato le insegne?»

«E chi lo ha più sentito…»

«Certo che tu Selene per i coglioni hai la calamita! Comunque, tornando al lavoro… Come ti avevo accennato, forse si sta liberando una posizione come ufficio stampa esterno qui in casa editrice. Potresti provare tu, no?»

«Dici che ne sarei capace?»

«Ma certo! Devi parlare con i giornalisti e raccontargli le nuove uscite, leggere i libri in anteprima, fare comunicati stampa e avere idee interessanti per promuovere i titoli. Chi meglio di te?! Potrei fare il tuo nome, se ti va.»

«Non lo so…»

«Tu fai così. Continua a cercare, ma dammi una settimana e ti dico se il posto effettivamente si libera.»

Dopo tre giorni Carla era tornata da lei con una proposta. «Il contratto copre la gestione di tre titoli. Poi, se piaci al mio capo, verrà rinnovato per un anno. Cominci la settimana prossima. Ti ho già mandato una mail con il pdf del primo libro su cui dovresti lavorare. Leggilo e poi ne parliamo.»

Per Selene non era stato molto difficile accettare. Aveva risposto mentre correva verso San Luca. Chiuse la chiamata sentendosi attraversare da un'energia nuova. Quella sera la città vista dall'alto era diversa: più luminosa, più viva.

A casa aveva trasformato l'ufficio di Filippo nel suo. Le settimane erano passate veloci e il lavoro era cresciuto sempre di più. Il contratto ovviamente le era stato rinnovato, con grande gioia di tutti. Selene era brava, molto brava, riceveva complimenti di continuo ed era soddisfatta, perché stava ritrovando se stessa e, se non proprio la felicità, almeno una certa serenità. La dedizione e la passione che metteva in ciò che faceva avevano attirato sempre più progetti, fino a quando il carico di lavoro era divenuto tale da dover trovare una collaboratrice.

Ed era entrata in scena Cinzia, che non aveva esitato un istante prima di mollare il suo lavoro da impiegata per seguirla in questa nuova avventura. Lavoravano da casa di Selene o in qualche caffè del centro. Leggevano libri, organizzavano eventi e trasformavano le loro idee in realtà.

Quando lei si arrabbia con te,
non l'hai ancora persa.
Significa che le importi.
Se invece non trova più la voglia
e nemmeno la forza di controbattere,
ecco che arriva l'indifferenza.
Da quel punto non c'è ritorno:
perché non l'hai persa,
è lei che ti lascia perdere.

QUEL venerdì, dopo il vino e le risate con Cinzia, Selene tornò a casa passeggiando sotto i portici con la pancia piena di tigelle e la testa piena delle enigmatiche parole della cartomante. Entrata in casa, dopo aver posato la borsa sul divano andò in cucina a prendere una busta già aperta. Sfilò l'invito e lo rilesse.

Gentile Selene Vanni,
siamo felici di invitarLa, sabato 13 maggio,
all'inaugurazione della boutique Eleonora Bruni
in Via dei Musei 8, nel cuore della Bologna più storica.
L'evento inizierà alle 19 e si concluderà alle 24,
sotto le stelle di una serata all'insegna dell'eleganza.

Sospirò e si portò l'invito in camera da letto.

«Far finta che le cose siano come sempre anche se è cambiato tutto… è pericoloso», borbottò tra sé mentre si metteva il pigiama e andava in bagno a lavarsi i denti. Si addormentò leggendo, senza dimenticarsi mai dell'invito. Non doveva andarci per divertirsi o conoscere nuove persone, ma per cercare di cambiare l'idea che ancora aveva della sua libreria, e provare finalmente a lasciarla andare una volta per tutte.

La mattina successiva si vide con Cinzia per rifinire il comunicato stampa di un nuovo thriller che sarebbe uscito a breve. Lavorarono da casa e pranzarono insieme, poi passò il pomeriggio a prepararsi per l'inaugurazione.

Carla la chiamò mentre stava per entrare dal parrucchiere. Selene la liquidò velocemente dicendole che doveva farsi sistemare i capelli, anche se in realtà da quando si era svegliata aveva in mente molto più di una piccola sistemata. Voleva cambiare totalmente look. Mostrò al parrucchiere una foto della protagonista del film *Il favoloso mondo di Amélie*. Era una scena in cui Amélie, con un ombrello in mano, accenna un sorriso da Gioconda.

«Voglio questo taglio», disse al parrucchiere.

«Uh, un caschetto alla francese… Il famoso *french bob*. È da un po' che non me lo chiedevano…» disse lui, mentre le scompigliava i capelli per sentirne la consistenza.

«E finalmente oggi sono arrivata io a chiedertelo!»

«Ti starà una favola, con questo meraviglioso viso che ti ritrovi!»

Uscì dal negozio dopo le cinque. Mandò subito un selfie a Carla, poi corse a casa a cambiarsi. Si mise un paio di pantaloni beige molto eleganti a vita alta, scarpe *décolleté* color mogano a tacco basso e una camicetta di seta blu scuro. Un filo di rossetto e tre gocce del suo nuovo profumo, Montale Intense Café.

Si guardò allo specchio. Stasera sei proprio bella, Selene! pensò.

Uscì di casa sorridendo. Mentre passeggiava in direzione della sua vecchia libreria, con le mani si accarezzò più volte i capelli. Arrivò all'angolo attorno a cui per anni aveva svoltato, tutti i giorni, almeno due volte al giorno. Fece un respiro profondo e strinse l'invito nella mano.

Della libreria non c'era più traccia. Avevano rifatto tutto, persino le colonne dei portici. La luce era più fredda, i dettagli delle vetrine curati ed eleganti, l'insegna sostituita. Non fece in tempo a fare due passi all'interno che una donna la riconobbe e le corse incontro.

«Selene! Sono Martina Scaparozzi. Ti ricordi di me?»

«Certo, come dimenticare...»

«Wow! Bel taglio!» Fece correre gli occhi su di lei, senza perdere quel sorriso troppo entusiasta per essere vero. «Sono davvero felice che tu sia qui! Vieni che ti faccio fare un giro!»

La prese sottobraccio, quasi di forza, e la trascinò in giro per il negozio, raccontandole, con un eccesso di particolari, i capi e gli accessori della nuova collezione.

Selene finse interesse per una delle molte borsette che le capitarono sotto gli occhi.

«È una Rosamund», esclamò Martina, «la nostra borsa spalla più iconica!»

Nel negozio c'era già molta gente, e nemmeno l'ombra

di un libro. Selene fermò uno dei camerieri che correvano su e giù dalle scale e afferrò una flûte di champagne dal vassoio. La buttò giù come fosse un bicchierino di sciroppo.

Martina Scaparozzi proseguì imperterrita: «Di qui ci sono i camerini dell'area streetwear. Salendo di qua invece la nuova collezione di borse e scarpe».

Gli occhi di Selene correvano su tutti i dettagli, increduli. Della libreria non c'era più la minima traccia. Niente più scaffali di legno, niente più pile di libri, album per bambini o sagomati d'autore. Tutto come vaporizzato. Al loro posto solo marmo, manichini, specchi e lampade al neon che inondavano lo spazio di una luce glaciale. In preda a uno slancio masochistico, Selene decise di spingersi fino al secondo piano, dove c'era il sottotetto, la sua stanza preferita.

«Martina, posso chiederti una cosa?»

«Tutto quello che vuoi, cara.»

«Del sottotetto che ne è stato?»

«Vuoi vederlo? Ti ci porto, vieni con me.»

Quando entrarono, Selene per poco non ebbe un mancamento.

«Che te ne pare? Non poteva essere più bello di così, vero?!»

«No, non poteva...» balbettò Selene.

Avevano tolto gli scaffali e ridipinto le pareti con i monogrammi del marchio. Sentì come un pugno allo stomaco quando vide la disposizione dei gioielli dentro le nuove teche, proprio là dove suo padre lasciava i libri d'arte. Il cellulare della manager squillò: qualcuno la desiderava al pianoterra.

«Tesoro, fai pure come se fossi a casa tua!» le disse, ridendo della sua stessa battuta. «In fondo noi siamo solo i nuovi inquilini… Per qualsiasi cosa chiamami, ok?»

Quando la vide scomparire giù dalle scale, Selene tirò un sospiro di sollievo. Scese anche lei al pianoterra, con molta calma, come se fosse stata sotto ipnosi, poi si avvicinò al bancone del catering e ordinò del lambrusco. Vino rosso per stemperare la tensione che sentiva crescere dentro. Mentre prendeva il calice dalle mani del cameriere, fu colta di sorpresa da una voce calda alle sue spalle.

«Brutta giornata?»

Avrebbe riconosciuto quel profumo ovunque. In qualche modo riuscì a riordinare le idee prima di voltarsi. «Ma guarda chi c'è… L'uomo che non mantiene le promesse. Sbaglio o tu hai ancora qualcosa che mi appartiene?» disse Selene, senza riuscire a nascondere un pizzico di risentimento, mentre Riccardo ordinava un calice dello stesso vino con un gesto della mano.

«Sì, perdonami, ma il numero che mi hai dato era sbagliato», rispose lui, in lieve imbarazzo.

«Che strano… Sarà stata la fretta», commentò lei, scettica.

«Sono venuto qui stasera proprio perché speravo di incontrarti.»

«Fin qui da casa tua, fuori Bologna?» chiese Selene diffidente.

«No, sto ancora in hotel, qui vicino.»

«Ma quindi, la mia insegna?»

«Sempre a casa mia. Al sicuro.»

La conversazione sembrò improvvisamente esaurirsi e loro rimasero a guardarsi, con i calici in mano, finché Riccardo disse: «Ti sta molto bene questo taglio».

Le guance di Selene avvamparono all'istante.

«C'è una cosa che ti vorrei chiedere», disse lei per riportare l'attenzione su di lui.

«Dimmi.»

«Perché stai in un hotel in centro se abiti appena fuori Bologna?»

«In questo momento la villa non si può usare.»

«È una vecchia villa?»

«Era di mio padre.»

Chissà perché Selene aveva sperato in qualcosa di più intrigante. Senza alcun motivo apparente se l'era immaginato sposato, addirittura padre di famiglia, ma separato o comunque in crisi, e questo spiegava il fatto che usasse l'hotel per frequentare un'amante, per esempio.

«Ah, ecco. Mi chiedevo perché un bolognese abitasse a Bologna… in hotel», disse con malizia.

«In effetti non è una situazione così semplice da spiegare.»

La risposta la prese in contropiede, ma si accorse che lui era in difficoltà e non insistette oltre. «Scusami, non sono fatti miei.»

«No, però c'è qualcosa di cui dobbiamo parlare, ma questo non credo sia il luogo adatto.»

«Già», annuì Selene, guardandosi attorno, sconsolata. «Qui ormai si possono comprare solo borsette.»

Chiese al cameriere un altro bicchiere.

«Non è facile, vero?» chiese lui.

«Per niente.» Indicò le vetrate dell'ingresso. «Questo... negozio...»

«Quale negozio?» la interruppe, ironicamente. «Io qui vedo una libreria!»

Lei sembrò non capire.

«Vedi? Lì si paga», disse Riccardo indicando i camerini, dove una volta c'era la cassa. «Laggiù il bancone delle novità di narrativa. E oltre il secondo piano, a cui accedi da quella scala, c'è una perla nascosta: un meraviglioso sottotetto con scaffalature antiche.»

«Te la ricordi alla perfezione...» disse lei, senza riuscire a trattenere una certa emozione.

«Mettimi alla prova.»

«E va bene, giochiamo», disse Selene, mentre si concedeva un altro sorso di vino. Indicò uno spazio al centro della sala. «Là cosa c'era?»

«Ti manca qualche diottria, forse?»

«No, perché?»

«Non lo leggi quel cartello? CONSIGLIATI DALLA LIBRAIA.»

Risero entrambi.

«E laggiù, invece?»

«Il mio angolo preferito. I libri di cucina.»

Proseguirono il gioco portandosi dietro i calici, camminando fianco a fianco per la boutique, mentre Riccardo continuava a ricordarle com'era la libreria.

Le resistenze e la diffidenza di Selene caddero un poco alla volta. Parlarono di tutto: di Bologna, del mercato dell'arte, della bellezza delle insegne commerciali di una volta, del nuovo lavoro di Selene come ufficio stampa. Il secondo calice divenne il terzo e fortunatamente, proprio quando Selene cominciava a dubitare della sua tenuta, una torta enorme piena di candele scintillanti fece il suo ingresso nel negozio, accompagnata da una musica trionfale di sottofondo. Riccardo si fece strada attraverso il muro di persone che affollavano la sala e tornò con due porzioni abbondanti di dolce.

Nel frattempo la direttrice aveva preso un microfono. «Grazie! Grazie a tutti per essere venuti. Ora sulle pareti proietteremo il video del *making of* di questo bellissimo spazio, che sono sicura vi piacerà. Vedrete passato, presente e futuro di questo angolo di città, che cambia e non sta mai ferma, da oggi anche grazie allo zampino del nostro marchio, che ha rivitalizzato un luogo storico del centro trasformandolo in questa stupenda boutique di lusso. Buona serata a tutti!»

Selene rimase ferma a guardare il video come in uno stato di trance. Immagini in bianco e nero presero vita sulle note di «Piazza Grande»: dapprima si alternarono filmati di una Bologna piena di carrozze che attraversavano le strade principali, poi arrivarono le immagini della *Vanni*, vista sia dall'interno che dall'esterno.

Si sentì salire il cuore in gola e gli occhi gonfiarsi di lacrime. Cercò di controllarsi, senza riuscirci molto. Riccardo, accortosi della sua agitazione, provò a consolarla passandole una mano leggera sulla schiena. In un istante di sospensione lei si voltò verso di lui come per implorarlo con lo sguardo di porre fine a quella tortura.

Quando sullo schermo si materializzò l'immagine tremolante di un signore in maniche di camicia che montava le insegne della libreria, Selene si appoggiò con la testa alla spalla di Riccardo, sentendosi stranamente a suo agio, protetta. «Dove lo hanno preso, questo filmato di mio nonno?» sussurrò.

Poi i frammenti d'epoca lasciarono il posto a scene a colori, in cui la via si animava e la *Vanni* diventava sempre più simile a quella della sua infanzia. Selene cominciò a temere di imbattersi, da un momento all'altro, nel volto di suo padre. Prese a tormentarsi le unghie fino a quando davanti alla vetrina della *Vanni* comparve una bambina con un vestito bianco e un nastro rosso nei capelli. Giocava allegra sotto i portici e di tanto in tanto si fermava per voltarsi verso il papà, che la guardava felice appoggiato alla porta della libreria.

Selene non resse oltre. Si staccò da Riccardo e corse fuori dal negozio. Andò via, allontanandosi il più possibile da quel luogo che ancora le provocava dolore, mentre il rumore dei tacchi riecheggiava tra le arcate dei portici. Voleva scappare, ma non sapeva realmente da cosa, né dove andare.

Corse più forte che poteva. Corse fino a quando non ebbe più fiato e fu costretta a chinarsi in avanti, con i palmi delle mani sulle ginocchia. Provò a raddrizzarsi, ma la testa le girava e le colonne cominciarono a vorticarle attorno agli occhi. L'alcol, le lacrime e la corsa le offuscarono vista e pensieri.

L'unica cosa che a fatica riuscì a mettere a fuoco fu la figura di Riccardo che correva verso di lei. Sentì un brivido freddo percorrerle la schiena, e prima che tutto diventasse nero capì che l'unico posto in cui avrebbe voluto scomparire, in quel momento, era tra le braccia di quell'uomo.

7.

Ci provo a non pensarti,
ma tu mi distrai

Selene si svegliò infastidita da un debole fascio di luce che filtrava attraverso le tende. Tende che, realizzò, non erano quelle di casa sua.

Si stropicciò gli occhi e si rigirò tra le lenzuola di seta di un enorme letto king size. Letto che, realizzò, non era quello di casa sua.

Si sentiva ancora un po' provata dalla sbornia della sera precedente. Si stiracchiò delicatamente, sentendo i muscoli distendersi poco a poco. Scivolò fuori dalle lenzuola e si accorse che l'altro lato del letto era ancora rimboccato, come appena fatto.

Aveva dormito da sola, evidentemente, e doveva essere sprofondata nel sonno non appena coricata. Provò a ricostruire gli eventi, ma l'ultima cosa che riusciva a ricordare era lei che crollava tra le braccia di Riccardo.

Quindi, salvo colpi di scena, quella doveva essere la sua famosa stanza d'albergo.

Scese dal letto e si diresse a piedi nudi fino alla porta socchiusa che dava sull'altra stanza.

«Riccardo?» chiese, bussando piano.

Nessuna risposta. Entrò a passi lenti nel soggiorno: dava tutta l'idea di essere una suite molto costosa. In un angolo vide un divano di velluto su cui era abbandonata una vestaglia maschile.

«Riccardo?» disse con un po' più di convinzione.

Di nuovo, nessuna risposta. Mentre faceva correre lo sguardo attorno alla stanza, si imbatté nella propria immagine riflessa dentro un grosso specchio incorniciato d'oro. Oltre a mutandine e reggiseno, indossava solo una t-shirt molto larga con il logo di una band a cui non fece troppo caso. Le gambe, sotto, erano nude. Il suo nuovo caschetto era piuttosto arruffato.

Si domandava se non le stesse sfuggendo qualcosa della sera precedente, quando sentì lo scatto della porta d'ingresso e vide Riccardo, in jeans e felpa, entrare con il pacchetto di una pasticceria del centro tra le mani.

«Buongiorno! Come sta la testa?» disse lui, mettendo in tavola qualche croissant, un *pain au chocolat* e due cappuccini d'asporto.

«Ho avuto risvegli migliori...» rispose lei, assicurandosi che la maglietta coprisse quello che doveva coprire. Allargò le braccia. «Scusami, sono un disastro.»

«Un disastro a cui quella maglietta degli Oasis sta molto bene.»

Iniziava a piacerle sentirsi addosso le sue attenzioni.

«Tu arrivi un po' troppo spesso al momento giusto, sai?»

Pensò a quanto fosse assurdo ritrovarsi lì, mezza svestita, con l'uomo a cui i suoi desideri negli ultimi tempi si erano aggrappati come a un'ancora di salvezza. Ora che però lo aveva davanti a sé in carne e ossa, si rese conto che Riccardo Ferrari era l'esatto contrario di una certezza: era un'incognita che la spaventava.

«Devo parlarti di una cosa», disse lui, ignorando la domanda di Selene. «Ma ora facciamo colazione», continuò avvicinandosi.

Riccardo le sfiorò la mano, distrattamente. In quel momento si guardarono con intensità per qualche attimo senza dirsi nulla, poi Selene come per uscire da quell'imbarazzo gli chiese: «Ti dispiace se prima mi faccio una doccia?»

«No, figurati, ma puoi fare di meglio! C'è una vasca stupenda, in questa suite.»

«Se proprio insisti, ne approfitto.»

Selene ebbe un attimo d'esitazione mentre continuava a guardarlo negli occhi, poi si voltò e proseguì verso la camera, pensando a cos'avrebbe fatto se in quel momento si fosse trovata in una delle sue fantasie. Probabilmente si sarebbe sfilata la t-shirt, abbandonandola a terra con disinvoltura, e avrebbe camminato a passi lenti lasciando che Riccardo la guardasse, voltandosi un'ultima volta prima di sparire nel bagno. Invece, chiusa la porta alle sue spalle, si limitò a fare un sospiro per buttare fuori la tensione.

Aprì il rubinetto dell'acqua calda, si spogliò e si sedette sulla tazza del water chiusa mentre aspettava che la vasca si riempisse. Rimase ferma così, a osservare l'acqua scrosciare. Ancora una volta non era riuscita a lasciarsi andare come avrebbe desiderato. Ora tutto quello che sperava era che fosse lui a prendere l'iniziativa, che quella porta magicamente si aprisse e Riccardo si materializzasse davanti a lei. E fu esattamente quello che successe, nell'istante in cui lei stava per immergersi tra i vapori della vasca.

Si ritrovarono occhi negli occhi, lei nuda, protetta solo dai riflessi dell'acqua. Come una fiamma che cade inesorabile sulla paglia, quell'incontro di sguardi fu la scintilla che fece esplodere la loro passione.

«Posso entrare?» chiese lui.

Selene sorrise, facendo sì con la testa.

Riccardo si liberò dei vestiti e scivolò accanto a lei. Le passò una mano tra i capelli, avvicinandosi al suo viso, e finalmente le loro labbra si incontrarono. Rimasero avvinghiati a lungo. La baciò sul collo, facendola tremare di piacere. I suoi polpastrelli scesero lungo il ventre di Selene, che si lasciò andare a un gemito sempre più intenso, mentre lui la penetrava con le dita. Eccitata, lasciò che fossero i suoi desideri a guidarla; posò i palmi sul petto di Riccardo, lo spinse contro la parete della vasca e salì sopra di lui, lasciando che entrasse dentro di lei. Le loro menti si erano svuotate, concentrate solo sui movimenti dei corpi. Il tempo sembrava rallentare e il mondo esterno era svanito mentre si abbandonavano l'uno all'altra. La sensazione di connessione e intimità era assoluta: riuscivano a comunicare senza parole quanto si volessero. E continuarono a farlo fino a quando sfiniti crollarono entrambi sulle pareti opposte della vasca. Per qualche minuto si ascoltarono respirare.

Riccardo baciò Selene, uscì dalla vasca per infilarsi l'accappatoio e andò a prenderne uno anche per lei. Glielo appoggiò sulle spalle e l'abbracciò da dietro. La lasciò con una carezza e si spostò in soggiorno.

«Hai fame?» le chiese.

«Ora sì, decisamente», rispose lei, mentre si asciugava i capelli.

«Perfetto. Perché voglio portarti in un posto, e di strada c'è un ristorante molto buono che ha appena aperto un mio caro amico di Roma.»

«Va bene, tanto la mia agenda oggi è piuttosto vuota, direi. Sono curiosa. Che ristorante è?»

«Lui è Leonardo Marchetti, hai presente? Lo chef.»

«Ma certo! È famoso. In libreria abbiamo tenuto molti suoi titoli.»

«Esatto. Ti porto nel suo nuovo ristorante, appena fuori Bologna», disse mentre indossava la giacca. «Io intanto vado giù, così tiro fuori la moto.»

«Hai… hai detto moto?» balbettò Selene.

«Ci vediamo davanti all'ingresso, va bene? Fai con calma e chiuditi semplicemente la porta alle spalle.»

Lo sentì prendere le chiavi e uscire nel corridoio. Selene, sei sicura di quello che stai facendo? pensò. Si rivestì, si mise le scarpe e cercò il cellulare. Lo cercò ovunque, poi aprì qualche cassetto senza preoccuparsi di richiuderlo. Alla fine lo trovò per terra, vicino al letto. C'era una chiamata senza risposta di Filippo.

Si cacciò il telefono in tasca, poi corse a chiudere i cassetti che aveva aperto, cercando di nasconderci dentro anche gli inutili sensi di colpa che le stringevano lo stomaco. Ci manca solo Filippo adesso, pensò. Afferrò la borsetta e si diresse vero la porta di ingresso della suite, ma qualcosa attirò la sua attenzione.

Su una scrivania, accanto allo specchio del soggiorno, notò un foglietto che spuntava da un'agenda. Senza farsi troppi problemi lo sfilò dalle pagine. Era quello su cui aveva scritto il suo numero di telefono. Ricordò che Riccardo le aveva detto che era sbagliato.

Passò gli occhi su ogni singola cifra. «Ma è giusto...» disse, mentre altri dubbi si sommavano alla sua confusione.

Infilò in tasca anche quello e uscì.

Riccardo aspettava sul marciapiede all'ingresso dell'hotel, in sella a una Ducati nera, con un secondo casco tra le mani.

«Devo proprio salire su questa cosa?» chiese lei.

«Sì, devi solo metterti il casco e reggerti forte.»

«Perché forte? Non basta stringerti... normale?»

Lui sorrise, aiutò Selene ad allacciare il casco e infilò il suo.

Lei montò in sella e strinse le sue braccia attorno al torace di Riccardo. Forse fin troppo. Quel contatto fisico li riportò a una sintonia molto affettuosa. Percorsero le vie del centro. Sulla visiera del casco i riflessi delle facciate dei palazzi scorrevano sempre più velocemente.

Credo fermamente nella bellezza
delle cose reciproche.
Non ha mai funzionato il
«Cercare chi non ti cerca»
o ancor peggio
l'«Amare chi non ti ama».
È meglio rimanere vere,
a costo di rimanere da sole.
Vuoi entrare? La porta è aperta.
Vuoi uscire? La porta è aperta.
Però non rimanere sulla soglia,
perché blocchi il traffico.

«QUESTI tortellini sono deliziosi», esclamò Selene, rivolta a Leonardo Marchetti.

Lo chef li aveva raggiunti al tavolo per sincerarsi che le ordinazioni fossero di loro gradimento e per fare due chiacchiere con Riccardo.

«Grazie. Detto da una bolognese, poi. Ora vado a prepararvi un dolce che vi farà impazzire. Per qualsiasi cosa, sono a vostra disposizione.»

L'atmosfera del locale era molto rilassata, informale. Riccardo aveva chiesto di potersi sedere a un tavolo accanto a una bellissima vetrata che affacciava sul cortile interno.

«Sì, sono davvero incredibili», confermò lui, prendendo una forchettata dal suo piatto di tortellini.

Sorridendo, Selene gli puntò il dito contro. «Però in brodo sono un'altra cosa.»

«Devo essere messo sotto processo per questo?»

«No, ognuno ha i suoi gusti. Nessun processo.» Prese un

sorso d'acqua. «Ma ho delle domande da farti.» Si interruppe in attesa che il cameriere portasse via i piatti ormai vuoti.

«Sono pronto a tutto», disse Riccardo.

«Bene, perché in questo momento la mia vita è in balia di uno sconosciuto.»

«Addirittura sconosciuto?» rispose lui sgranando gli occhi. «Sai chi sono, che lavoro faccio, dove abito...»

«Non credo che sapere che lavoro fai e conoscere l'indirizzo del tuo hotel possano aiutarmi a capire realmente chi sei. So che mi hai aiutata in più occasioni, quindi presumo che tu sia una brava persona, ma non so nemmeno perché stai facendo tutto questo.»

«Tutto cosa?»

«Aiutarmi! Perché lo fai?»

«I motivi sono molti», rispose lui, quasi riflettendo a voce alta, «ma la verità è che le cose sono andate un po' troppo velocemente.»

«È stato un male?» chiese lei, preoccupata dal suo tono.

«No, affatto», rispose Riccardo, guardandola più intensamente. «Però le cose sono più complicate di così.»

In quel momento Marchetti tornò da loro posando sul tavolo due piattini. «Ecco, il mio tiramisù speciale.» Posò una mano sulla spalla di Riccardo. «Questo è meglio di quella schifezza che hai preparato tu a Capodanno...»

«Vi conoscete da molto, voi due?» chiese Selene.

«Da quando Riccardo fingeva di studiare medicina a Roma!» rispose lo chef.

«Veramente finché sono stato iscritto avevo il massimo dei voti», protestò lui.

«Ma quindi volevi diventare medico?» chiese Selene, stupita.

«Certo, gli mancavano pochi esami per finire», disse Marchetti, anticipando Riccardo. «Ma io questa storia già la conosco. Vi lascio ai vostri tiramisù.»

«E perché hai cambiato? Te l'aveva imposta la famiglia, medicina?» domandò Selene quando furono di nuovo soli.

«Qualcosa del genere, sì.»

Selene allargò le braccia. «Vuoi dirmi qualcosa di più o devo torturarti?»

Riccardo soppesò a lungo le parole prima di aprire bocca. «Diciamo che ho avuto un rapporto complicato con mio padre.» Si incupì. «Ti è mai capitato di stimare moltissimo una persona, e poi di punto in bianco vederla completamente sotto un'altra luce?»

«Più volte di quanto avrei voluto, anche se spesso penso di essere io la persona da cui ho avuto più delusioni.»

«Ci sono sempre dei complici.»

«Forse ho fatto fatica a condividere le colpe per così tanto tempo che ormai ho l'abitudine di addossarle tutte a me.»

«Succede alle persone più forti.»

«Non so se mi definirei forte. Ho passato dei periodi in cui ero davvero a pezzi.»

«Essere forti stanca.»

«Che intendi?»

«Conosci il detto 'Quello che non ti uccide ti fortifica'?

Ecco, io non sono d'accordo. Il dolore ti permette di capire che si può vivere e andare avanti anche col cuore a pezzi. Ti insegna a usare la testa al posto del cuore e a farcela anche con l'umore sottoterra. Ma ti stanca, ti fa diventare più freddo. Non più forte, semplicemente più freddo.»

Quelle parole la toccarono nel vivo e, come per una reazione involontaria, tornò alla storia di Riccardo.

«Quindi è stato per via di tuo padre se hai mollato tutto?»

«In un certo senso sì. È successo qualcosa che mi ha fatto cambiare idea e scappare il più lontano possibile dalle sue orme.»

Selene cercava di decifrare il mistero di quell'uomo, ma più ci pensava più sentiva di non avere tutti i pezzi del puzzle.

«Non ti voglio obbligare a parlarne, se non vuoi. Abbiamo pur sempre un tiramisù da finire, no?» cercò di sdrammatizzare.

«No no… Devo parlartene», insistette Riccardo. «Ma è meglio andare in un altro posto per farlo.»

In certi giorni della vita è essenziale
saper usare la giusta punteggiatura.
Le virgole non bastano più:
a quei giorni servono punti.
Così come devi usare il punto
per concludere una frase,
devi farlo anche per chiudere una relazione.
Basta un po' di coraggio, punto e a capo.
Perché anche i sentimenti hanno una loro ortografia.

In sella alla moto percorsero il viale fiancheggiato da cipressi che portava fino alla villa, in cima a una collina. Arrivati al cancello, il ruggito del motore si trasformò in un sussurro di quiete.

Scendendo di sella Selene rimase a bocca aperta, affascinata dalla vista su Bologna, totalmente nuova per lei. Lasciò a Riccardo il casco e fece qualche passo verso il ciglio del viale per guardare più da vicino quello scorcio di città.

«Bella, vero?» le chiese Riccardo.

«Incantevole...»

Lui si avvicinò al campanello per suonare il citofono, e poco dopo il grande cancello in ferro battuto si aprì lentamente. Percorsero un viale affiancato da siepi basse, tagliate geometricamente, e incastonato nel silenzio dell'enorme parco che circondava la villa. A interromperlo c'era soltanto il crepitio dei loro passi sulla ghiaia.

Davanti all'ingresso, nello spiazzo antistante, era parcheggiato un camioncino bianco. Un uomo stava scaricando sculture e quadri avvolti da teli bianchi, ma non era difficile immaginare che si trattasse di oggetti di valore. Selene riconobbe immediatamente l'uomo: era Angelo, il tuttofare di Riccardo, che salutò entrambi con un cenno frettoloso del capo: c'erano altre opere d'arte da scaricare.

«C'è tutto?» gli domandò Riccardo.

«Sì, come da accordi.»

«Di che si tratta?» chiese Selene, curiosa.

«È l'intera collezione di un ricco mecenate. Gli eredi hanno deciso di vendere. Statue, quadri e altri manufatti», le rispose Riccardo.

«Ora è tua?»

«Almeno finché non verrà messa all'asta, pezzo per pezzo.»

«Che peccato.»

«Ma no… Nel mio mestiere non ci si deve affezionare troppo.»

«Dev'essere frustrante.»

«Però a volte capita di innamorarsi di una tela, di un piccolo disegno a matita, di un gioiello. In quei momenti mi ricordo perché ho scelto di fare questo mestiere.»

Selene pensò a quello che gli aveva detto poco prima Riccardo a proposito della scelta di abbandonare medicina e interrompere drasticamente il percorso che avrebbe potuto guidarlo sulle orme del padre. Anche questa volta rimase in silenzio: sarebbe arrivato il momento delle risposte, si disse.

Alzò gli occhi per abbracciare con lo sguardo l'intera

facciata della villa e catturare tutti i raffinati dettagli delle decorazioni in stucco, che si snodavano eleganti attorno alle cornici delle molte finestre. Il giardino, poi, era un vero spettacolo per i sensi: colori e profumi che s'intrecciavano in una sinfonia di bellezza. Rose in fiore di tutte le sfumature si arrampicavano sopra i pergolati e abbracciavano languide i balconi. Il prato, tagliato con precisione, sembrava una tavolozza, dove il verde di querce, pini e cipressi era intervallato dal lilla dei glicini appena fioriti. In un angolo lontano del giardino scorse una piscina abbandonata.

«Ma non era in ristrutturazione?» chiese Selene all'improvviso, ricordando quanto le aveva detto Riccardo.

Lui fu colto di sorpresa dalla domanda. «Sì, in un certo senso lo è. Sto cambiando molte cose. Vieni con me. Per di qua», le disse, prendendola per mano.

Camminarono lungo un vialetto che girava intorno alla casa, per poi addentrarsi nel parco fino ad arrivare a una fontana. Al suo centro si ergeva la statua di un uomo con un bastone, attorno al quale era avvinghiato un grosso serpente.

«Fa abbastanza paura», commentò Selene, incuriosita.

«È Asclepio, il dio greco della medicina. Mio padre era fissato con la mitologia.»

«Questa casa è meravigliosa, Riccardo.»

Lui si guardò intorno. Sembrava perso in qualche ricordo. «Questa fontana… Non sai quante volte ci sono finito dentro per cercare di recuperare palline da tennis.»

«Sei cresciuto qui con la tua famiglia, vero?»

«La mia famiglia, sì...» Aveva un che di ironico nella voce. E di malinconico. «Ci sono cresciuto con mia madre e mio padre, certo, ma la mia famiglia erano Angelo, suo padre Carlo, che era il nostro giardiniere, e Rufus.»

«Rufus?»

«Il nostro pastore tedesco.»

«Quindi Angelo è rimasto sempre con te?»

«Sì, e ora lavoriamo insieme.» Indicò un angolo remoto dall'altro lato del parco. «Vive nella *dépendance* dietro la piscina. È un tipo solitario. Io molto spesso non ci sono.»

«Perché preferisci le suite d'albergo...» scherzò lei.

«Non è facile restare qui, per me. Non so bene cosa farne, di questo posto.»

«Io un paio di idee ce le avrei. È una meraviglia.»

«Non tutto quello che mi ha lasciato mio padre è meraviglioso.» Lo sguardo di Riccardo si fece cupo, ma durò un solo istante, come una nuvola passeggera. «Vieni, non abbiamo ancora finito.»

La guidò sul retro della casa. Riccardo le indicò una porticina, attraverso la quale entrarono nella villa. Varcata la soglia, Selene si ritrovò immersa in un salone enorme, sulle cui pareti erano addossati quadri e opere d'arte di ogni tipo, alcune ricoperte da teli, altre imballate, altre esposte ai fasci polverosi di luce che filtravano nella stanza da due grosse finestre ovali, creando un'atmosfera da fiaba.

Riccardo non disse nulla e si allontanò da lei. Selene lo vide scomparire dietro una colonna di granito. Poi si sentì il clic di un interruttore e improvvisamente qualcosa si accese sul pavimento al centro del salone. L'insegna della *Libreria Vanni*, come nuova, proiettava un bagliore arancione su tutto quello che la circondava.

Fu come se una diga dentro Selene crollasse. Nascose il volto tra le mani, poi corse da Riccardo e lo abbracciò tra le lacrime.

«Sono come nuove», disse lui, senza sfuggire a quell'abbraccio. «Ho fatto del mio meglio. Ora possono tornare alla loro legittima proprietaria.»

«Sono bellissime…» sussurrò lei, restando ferma a osservarle, piangendo e sorridendo allo stesso tempo. «Grazie, Riccardo.»

Lui fece un passo indietro, sciogliendosi dall'abbraccio.

«Non ringraziarmi, Selene.»

Il tono con cui Riccardo aveva pronunciato quelle parole la fece trasalire. Lo guardò confusa. Da dove arrivava quell'improvvisa freddezza?

«Devo farti vedere un'altra cosa.»

«Però così mi spaventi», provò a protestare lei, ma Riccardo si era già incamminato verso una porta che dal salone si immetteva in un lungo corridoio.

Mentre insieme attraversavano stanze e salottini molto più ordinati e razionali del salone in cui erano accatastate le opere d'arte, lei provò a chiedere dove la stesse portando.

Riccardo si fermò su due piedi, sospirò e la guardò. «C'è una cosa che non sai di me.»

Selene sorrise amaramente. «Sono tante le cose che non

so di te, Riccardo. Però so che nel momento più difficile della mia vita, tu sei stato...»

Lui le prese le mani nelle sue. «Ho aspettato fin troppo a dirtelo, Selene, ma devi sapere che in qualche modo sono stato come... travolto...» Non riuscì a completare la frase perché lo sguardo interrogativo di lei lo fece desistere. Si voltò di nuovo e la condusse finalmente all'interno di uno studiolo dominato da un grosso scrittoio antico, posizionato al centro della stanza, sotto una grande finestra da cui si scorgeva la vasca della piscina abbandonata.

«Questo era lo studio di mio padre», disse Riccardo. Si diresse verso un *secrétaire* in radica addossato a una parete e lo aprì. Tirò una levetta che fece scattare un piccolo scompartimento segreto, da cui estrasse una busta ingiallita. La tenne per qualche secondo tra le mani, poi la porse a Selene.

«Tieni», disse quasi senza fiato. «È importante che tu la legga. Avrei dovuto dartela molto tempo fa.»

Selene prese la busta. Dentro c'era una lettera scritta a mano e altri due fogli. Li guardò senza capire. Allora cercò di tranquillizzarsi e cominciò a leggere dall'inizio, parola dopo parola.

Ciao Riccardo,

se stai leggendo questa lettera significa che non sono riuscito a trovare l'elisir per l'immortalità. Non ci parliamo da dieci anni, ormai. Da quando sei andato via di casa la mia vita ha cambiato colore. Forse non è più stata nemmeno vita. Ci sono tante cose che avrei potuto fare meglio, soprattutto nei tuoi confronti, ma non le ho fatte e sono riuscito a rovinare la nostra famiglia.

Selene sollevò lo sguardo allibita. Si chiese perché Riccardo le permettesse di leggere una confessione così intima.

«Cosa significa, tutto questo?»

«Selene, ti prego, continua. Lo capirai...»

Lei riprese a leggere, finché il suo cuore cominciò a battere più forte quando arrivò a queste righe.

Nella busta, insieme alla lettera che hai tra le mani, troverai le carte che provano l'errore più grave di tutta la mia vita. Sai già di cosa parlo, e quando lo scopristi avrei dovuto trovare il coraggio di rimediare. Ma non ci sono riuscito.

Non solo ci ha allontanati, ma per colpa mia hai lasciato gli studi di medicina e hai dovuto ripensare interamente la tua vita. Hai fatto presto a diventare una persona migliore di me, ma so che questo ti è costato un'immensa fatica, e per quel che vale, sappi che sono profondamente orgoglioso di te.

Ti ho lasciato tutto quello che ho, compresi i fantasmi del mio passato. Non hanno mai smesso di venirmi a trovare, ma non sono riuscito ad affrontarli. Forse anche in questo tu sarai migliore di me.

Perdonami, Riccardo, certe colpe sono troppo pesanti e più passa il tempo più è difficile liberarsene.

Tuo malgrado, tuo padre

Un terribile sospetto iniziò a farsi strada nella mente di Selene. Posò la lettera sullo scrittoio a cui si era appoggiata e lesse gli altri fogli. Erano due referti medici. Il primo raccontava di uomo morto sul colpo in un incidente d'auto, il secondo un uomo ricoverato in fin di vita dopo un grave incidente automobilistico, ma deceduto in sala operatoria per via di un errore medico che poteva averne causato l'arresto cardiaco. Avevano la stessa data.

In entrambi l'uomo si chiamava Ettore Vanni.

Selene gettò a terra i fogli come se le stessero bruciando le dita. Indietreggiò sconvolta, fino a quando con la schiena incontrò la parete. Quando sollevò lo sguardo verso Riccardo, Selene era una maschera di rabbia e dolore.

«Che cosa ha fatto tuo padre? È stata colpa sua?»

«L'errore fu di un suo assistente...»

«E allora perché?!?» urlò Selene.

Lui trovò la forza di dire la verità, in tutta la sua crudezza. «Era appena stato nominato primario. Una causa all'azienda sanitaria che aveva finanziato il nuovo reparto avrebbe potuto stroncare la sua carriera...»

Selene si ritrovò catapultata in quella sala d'attesa dell'ospedale. «È stato lui a dirmi che non c'era stato niente da fare. Aveva già deciso di insabbiare tutto...»

Riccardo rimase in silenzio, annuendo con un'espressione carica di pentimento.

«Siete dei mostri...» sussurrò Selene, come se volesse sparire nel muro. «Sei un mostro!»

«Lo so. Sarei dovuto entrare in quella libreria, darti la lettera e addio, sconosciuti come prima.»

«Quindi ce l'avevi nella ventiquattrore, quel giorno? E io che pensavo fossi entrato per caso...»

«Volevo dirti tutto dal primo istante. Ma quando ti ho vista mi è scattato qualcosa dentro che non avevo previsto.»

«Ti rendi conto di cosa hai fatto?»

«Io non pensavo...»

«Cosa?! Cosa non pensavi?!» lo zittì Selene, urlando.

«Credimi, non è stato facile affrontare gli errori e la morte di mio padre. Ma sono qui, pronto a fare i conti con il passato, e ad affrontarne le conseguenze. Se, dopo averti incontrato, ho vacillato è perché...» Restò in silenzio, poi lo disse. «Non dirmi che non hai sentito che c'era qualcosa di forte tra noi!»

«Vaffanculo, Riccardo!» gridò Selene, in lacrime. «Voglio andare via da questo posto. Subito! Fammi andare via, cazzo!»

Lui, confuso, fece un passo verso di lei, che lo respinse con forza e corse fuori dalla stanza lungo il corridoio da cui erano arrivati. Attraversò il salone vicino all'ingresso e finalmente fu di nuovo all'aria aperta. Corse nel giardino, lungo il viale di ghiaia, fino al cancello, senza mai voltarsi.

Quello che aveva alle spalle la terrorizzava.

8.

Visse da sola felice e contenta

I CAPELLI di Selene danzavano al vento, cullati dalla brezza di quel fiordo dal nome impronunciabile. Sognefjord è il più lungo braccio di mare che si incunea nella costa della Norvegia. Vicino alla città di Bergen, il fiordo si estende per più di duecento chilometri sotto altissime montagne, ripide e scoscese, che si immergono con pareti simili a calanchi nella valle inondata. Era uno splendore che riempiva lo sguardo.

Selene fece qualche passo in avanti per sporgersi dalla ringhiera del promontorio.

Respira, Selene, pensò, liberando la mente.

Si aggrappava a quelle parole per ricordarsi che, quando tutto precipita, il primo passo per riprendere il controllo è tornare a respirare. In un respiro profondo puoi capire che nella vita c'è chi ti ruba l'aria e chi te la ridà. Vale per le persone e le situazioni, e vale anche per i pensieri.

Ai suoi piedi c'era un manto di alberi imponenti, colorati di mille sfumature, dal verde scuro al verde smeraldo, passando per tonalità di marrone, ocra e giallo. Le cascate che scendevano dalle alture, invece, aggiungevano vigorose pennellate di bianco al quadro.

Sentiva il freddo nelle ossa ed era un po' affaticata; l'escursione era stata lunga. Rimase sul promontorio a godersi quello scenario mozzafiato, mentre la guida che l'aveva accompagnata fin lì passava tra gli escursionisti con un thermos e qualche bicchiere.

Erano poche persone, provenienti da diverse parti del mondo.

Il bus era partito dal centro di Bergen, dall'hotel in cui alloggiavano, e li aveva accompagnati fino ai piedi delle montagne.

Selene aveva uno zainetto con sé; dentro, una bottiglietta d'acqua, un panino, due barrette di cioccolato, un libro e una giacca, per ripararla dal vento e dalla pioggia. Voleva solamente restare in contatto con se stessa. In quella settimana si era abituata a isolarsi completamente durante le escursioni, momenti in cui le sembrava di assaporare qualcosa che si poteva chiamare felicità. Ormai aveva imparato a farci caso.

Era riuscita dopo tanto tempo a guardarsi dentro senza portare paure da fuori.

Chiuse gli occhi per un attimo e inspirò per prendere fiato. Sentì una mano sulla spalla.

Aprì gli occhi e si voltò. La guida la stava avvertendo di non sporgersi troppo.

Lei annuì facendo un passo indietro, poi prese un bicchiere e si fece versare del caffè bollente per riscaldarsi un po'.

Tornarono verso valle poco prima che il sole scivolasse sotto l'orizzonte, per non rischiare di affrontare la discesa con il buio.

Inizialmente, una donna ti tratta
come vorrebbe essere trattata.
Poi, col passare del tempo,
comincia a trattarti come la tratti tu,
e il vero problema è se ti accorgi
che «quel modo» non ti piace affatto.

Dalla cena con Filippo, durante la quale aveva finalmente fatto chiarezza sui suoi sentimenti e nei suoi pensieri, il tempo era volato. Ora Selene si sentiva una persona rinata. Pace fatta con il passato, con gli errori, con le cicatrici... Non si pentiva di nulla, perché tutto questo l'aveva portata a diventare la donna che ora riscopriva la gioia di vivere passeggiando tra le foreste della Norvegia, con il più bel sorriso che avesse mai indossato a illuminarle il viso.

Solo qualche settimana prima era a terra, dopo aver toccato il fondo, messa in ginocchio dalla dolorosa confessione di Riccardo, proprio quando sembrava che le cose stessero migliorando.

E poi c'era stato di nuovo Filippo, l'ennesimo contraccolpo del destino.

Era successo «quasi» per caso. Pochi giorni dopo aver lasciato la villa e la vita di Riccardo, decisa a non rientrarci più, era seduta sul divano, al telefono, mentre cercava di spiegare il suo stato d'animo a Carla, quando aveva sentito suonare il campanello: era Filippo. Si era presentato con un bouquet di tulipani colorati e l'aveva invitata a mangiare qualcosa insieme per fare due chiacchiere «in amicizia». Non si sentivano da molto tempo, e ritrovarlo all'improvviso, in quel momento, l'aveva emozionata.

Così si era lasciata convincere a uscire. Da una parte desiderava distrarsi e allontanare i pensieri su Riccardo; dall'altra il tono di Filippo non le era dispiaciuto: le aveva ricordato le prime volte, quando lui collaborava con lo studio di commercialisti e passava in libreria e si offriva di darle una mano con una scusa qualsiasi.

In fondo, le persone con cui hai condiviso l'amore rimangono per sempre. Non stanno nel tuo cuore, ma ne fanno parte. È diverso.

Si erano fermati al *Camera con vista*, un piccolo gioiello incastonato in una stradina stretta e romantica del centro, affacciato sulla bellissima piazza Santo Stefano. Solitamente è sempre molto affollato, e i bolognesi sanno bene che se non si prenota per tempo è inutile sperare di trovare un tavolo libero. Tuttavia quella sera Selene e Filippo erano stati molto fortunati; passandoci davanti per caso, senza l'intenzione di fermarsi, avevano notato un tavolino libero, così si erano affrettati a chiedere se fosse disponibile.

«Vi è andata bene, perché hanno appena disdetto una prenotazione. Accomodatevi pure, ve lo apparecchio subito», aveva risposto un cameriere che passava di corsa, con un vassoio tra le mani.

Si erano seduti e Selene aveva dato un'occhiata al locale e ai suoi avventori. Il ristorante offriva le prelibatezze tipiche della cucina emiliana, in un'atmosfera senza tempo. Si cenava circondati da quadri antichi, arredamento d'epoca e imponenti lampadari. Il cameriere era arrivato per apparecchiare la raffinata tovaglia a ricamo, con posate argentate e, al centro, un bellissimo candelabro, che si era chinato ad accendere. Avevano ordinato due calici di cabernet e avevano iniziato a sorseggiarli mentre sfogliavano il menù.

«Abbiamo mangiato in tutti i ristoranti del centro. E questo, in sei anni, ce lo siamo sempre persi», aveva commentato lei.

«Non è mai troppo tardi», aveva risposto Filippo, sorridendole.

Lei aveva abbassato gli occhi sulle molte voci del menù.

«Tu cosa hai in mente?» le aveva chiesto.

«Ancora non so.»

«Ho sentito che qui le tagliatelle alla bolognese sono incredibili.»

In quel preciso istante era arrivato il cameriere per prendere le ordinazioni e Filippo, senza esitare, aveva detto: «Due tagliatelle alla bolognese. Poi per i secondi vediamo».

Il cameriere aveva annuito, segnando la comanda sul taccuino, ma Selene lo aveva interrotto. «Mi scusi, aspetti. Io le tagliatelle non le voglio. Mi porti un piatto di tortellini in brodo.»

«Certo, signora. Altro?»

«Per ora va bene così. Grazie.»

Filippo l'aveva osservata, senza perdere il sorriso. «A te piace sempre decidere da sola per te stessa, vero?»

Lei aveva trattenuto a stento il nervosismo. «E chi dovrebbe farlo, scusa? Semmai non l'ho fatto abbastanza in passato.»

A quel punto anche lui si era rabbuiato. «Non mi piace quello che stai insinuando. Io ho sempre cercato di supportarti. Ho fatto moltissimo per te…»

Mi ha portata qui sperando di ricominciare in questo modo? aveva pensato Selene. «Ora neanche a me piace quello che insinui», aveva detto a Filippo.

«Ti sono sempre stato vicino, Selene. Non pensi di dovermi un minimo di riconoscenza?»

Che arrogante! aveva pensato lei. «Filippo, tu sei stato vicino a me e io a te», aveva provato a spiegargli senza rancore. «Abbiamo condiviso moltissimo, nel bene e nel male. Non ho nulla di cui pentirmi, e spero che tu possa riuscire a fare lo stesso.»

«Ma non ti manca stare insieme? Come puoi fingere questo distacco?»

«Io non fingo un bel nulla. Volevo un piatto di tortellini e mi hai ordinato delle tagliatelle senza chiedermi niente. Tu sei così, lo facevi, e lo fai, con tutto. Mi vedi ma non mi osservi. Non fai caso alle sfumature, ai dettagli, anche a quelli più semplici e banali. Non è il modo in cui voglio essere amata, né amare.»

Filippo si era irrigidito e aveva stretto il tovagliolo nel

pugno. «Hai preso una decisione affrettata nel momento più buio della tua vita, Selene.»

«Lo vedi? Lo stai facendo di nuovo!»

«Ma cosa?!» aveva quasi gridato lui. Un paio di persone si erano voltate verso il loro tavolo.

«Stai tirando conclusioni per conto mio. È più forte di te, Filippo.»

Lui era rimasto in silenzio, spiazzato. Poi, a labbra strette, aveva chiesto: «Quindi è davvero finita?»

«Sì, Filippo, è finita. Da molto prima che ci lasciassimo.»

«E allora io cosa ci sto a fare qui?»

«Non eri venuto 'in amicizia'?»

Lui non aveva retto oltre e si era alzato, sbattendo le ginocchia contro il tavolo. Un bicchiere di vino si era rovesciato sulla tovaglia bianca.

«Un giorno capirò cosa ti è successo. E forse anche tu lo capirai, Selene. Ma io non sarò più lì ad aspettarti.»

Se n'era andato senza nemmeno degnarla di un saluto.

Pochi secondi dopo era arrivato il cameriere con le ordinazioni. Selene aveva rimandato indietro il piatto con le tagliatelle ed era rimasta lì, da sola, a gustarsi i suoi tortellini, indifferente agli sguardi curiosi degli altri.

Se chi ti ha deluso torna,
tu non farti trovare.

Il bus la lasciò davanti all'hotel. Salutò tutti e salì in camera per preparare la valigia. L'indomani mattina sarebbe partita per Oslo. Aprì la finestra per far rinfrescare la stanza. Fuori l'aria era fredda e umida, e il profumo della pioggia misto all'odore salmastro dell'oceano si sparse nella camera. A Bergen, come spesso accade, pioveva; si sentiva un delicato fruscio sulle strade acciottolate e sugli edifici di legno. Le luci delle lanterne si riflettevano nelle pozzanghere, colorando i viali.

Finì di piegare l'ultima maglia e chiuse il trolley, poi scese al ristorante dell'hotel.

Durante le ultime settimane Selene aveva imparato ad apprezzare il momento in cui poter cenare da sola, uno spazio che si ritagliava per se stessa. Ci aveva messo un po' a capirlo, ma ora era una persona diversa.

Si sedette di fronte alle grandi finestre che si affacciavano sul centro della città. Le vie erano animate dalle voci delle persone che si rifugiavano nei caffè e nei ristoranti.

Ordinò l'ennesimo piatto di *raspeballer*, gustose polpette di patate servite con purè di piselli e salsa. Mangiava, rimpiangendo un buon piatto di pasta fresca o di tortellini in brodo, quando una ragazza francese con cui aveva fatto l'escursione le chiese se poteva sedersi con lei a cenare.

Selene accettò quel piccolo cambio di programma, e poco dopo si fecero portare due birre per brindare insieme.

Non mangiava in compagnia di qualcuno dalla cena con Filippo. La sua mente tornò a quella sera e alla decisione che aveva preso la mattina dopo. Riaprendo gli occhi, aveva capito molto chiaramente che non voleva mai più essere la Selene di un tempo. Era la sua nuova consapevolezza, e stava sbocciando dentro di lei giorno dopo giorno.

Senza pensarci troppo aveva comprato un volo andata e ritorno per la Norvegia. Prima di pranzo aveva già organizzato l'intero viaggio: una settimana a Bergen, poi qualche giorno a Oslo. Mangiare da sola, bere da sola, viaggiare da sola, affrontare gli alti e i bassi emotivi da sola, imparare a sorridere da sola. Crearsi la felicità con le proprie mani: era quello l'obiettivo.

Filippo era stato un periodo della sua vita, durante il quale forse aveva confuso gratitudine e amore; era brutale riconoscerlo, ma doveva ammetterlo. La mancanza di amor proprio era stata la radice delle sue paure, e per poter crescere aveva dovuto attraversarle tutte, una a una.

La vecchia Selene non avrebbe mai affrontato le proprie ansie se non rifugiandosi tra le pagine di un libro: non sarebbe mai partita per un viaggio senza compagnia, non avrebbe mai capito l'importanza di superare la paura dell'aereo, non sarebbe mai salita sulla moto di Riccardo, e sicuramente non avrebbe mai fatto un'escursione tra i fiordi più belli del mondo. Molto probabilmente non avrebbe nemmeno mangiato delle polpette norvegesi in compagnia della simpatica Amélie Burgnon.

Imparare a dire «mi amo» non è facile. Non ci sono fiabe che finiscono con un «visse da sola felice e contenta». Il modo in cui ti ami è il modo in cui insegni agli altri come amarti.

«Cosa farai nei prossimi giorni?» le chiese Amélie.

«Domani ho un treno per Oslo. È un viaggio di sette ore, mi godrò il panorama. E tu?»

«Ma dai, anch'io sarei dovuta salire su quel treno!»

«E invece?»

Amélie sorrise abbassando lo sguardo, imbarazzata. «Ho conosciuto un ragazzo...»

Proseguirono la cena parlando di Lars, un giovane designer che Amélie aveva incontrato qualche giorno prima in un pub.

«È la prima volta che mi capita, ma penso sia stato amore a prima vista. Ti è mai successo?» le chiese la ragazza francese.

«Prima o poi qualcuno che ti sconvolge i piani lo incontri...» rispose Selene.

«Ok, lo prendo per un sì.»

Si concessero un *riskrem*, il classico dolce norvegese a base di riso, panna montata e salsa di lamponi, poi si salutarono augurandosi buon viaggio.

Selene tornò in camera. Era stanca, la giornata era stata lunga. Si fece una doccia calda e si preparò per la notte. Si infilò sotto le coperte, cullata dal ticchettio costante della pioggia che batteva sulle finestre. Stava impostando la sveglia per il mattino seguente, quando sentì il telefono vibrare. Era un messaggio da un numero sconosciuto. Lo aprì.

Il passato a volte è un'eredità che ci può schiacciare, soprattutto quando non lo abbiamo deciso noi. Per troppo tempo ho tenuto un segreto dentro di me, e ora non ho più voglia di nascondere ciò che provo.

Forse, oltre a tutto questo dolore, c'è ancora spazio per noi.

Riccardo

Selene posò il telefono sul comodino e si voltò dall'altra parte del letto. Ormai era tardi.

Non sempre insistere fa bene.
Allo stesso modo, nemmeno arrendersi
fa sempre bene. Sai cosa fa bene?
Prendersi del tempo per capire
quando arrendersi e quando invece insistere.

Le immagini che Selene vedeva scorrere dal finestrino erano poesia in movimento. Da mesi sognava di prendere quel treno. Lo aveva scoperto nel documentario che aveva visto tempo prima e se n'era subito innamorata. Montagne imponenti scendevano nelle acque scure dei fiordi, sulla cui superficie si rifletteva l'incredibile tavolozza di colori caldi e accoglienti delle foreste dense di abeti e betulle, mentre i villaggi lungo la costa sembravano provenire da un'altra epoca.

Da quando il treno si era lasciato alle spalle la stazione di Bergen, i suoi occhi erano stati calamitati da quella sinfonia di scenari, che si susseguivano come gli accordi di uno spartito. Dentro di lei invece c'era solo il rumore delle emozioni che si affollavano confuse, in una vera e propria tempesta emotiva.

Ripensava in continuazione al messaggio di Riccardo, eppure faticava a dare un solo nome a ciò che provava mentre se ne stava seduta sul sedile di un vagone che attraversava quel paesaggio così sconosciuto e nuovo per lei. Talvolta la mente ha bisogno di tempo per cogliere verità che il cuore già conosce.

Una parte di Selene odiava ogni singola parola di quel messaggio. L'altra non faceva che tornarci.

Il pensiero corse a suo padre e alla libreria: per anni aveva deciso di caricarsi sulle spalle il sogno di qualcun altro e aveva lottato con tutte le forze per fare in modo che quel sogno restasse in vita. Era vero, la libreria era sempre stato un luogo magico per lei, e a quelle mura e a quegli scaffali erano legati i ricordi della sua infanzia e della sua adolescenza; ma era altrettanto vero che non aveva avuto scelta, gli eventi l'avevano condotta a prendere il timone di una nave che già cercava di stare a galla nella tempesta. E soltanto ora che quel sogno si era infranto sentiva di poter scegliere liberamente la direzione del suo viaggio.

Allontanandosi dalla contea di Vestland, il treno si diresse a est, salendo tra i ghiacciai che circondavano la stazione alpina di Finse, a oltre mille metri sopra il livello dal mare. Fuori dal finestrino apparvero montagne coperte da un bianco manto scintillante. Il sole si rifletteva sui cristalli di neve che irradiavano il paesaggio di una luce irreale. Intorno, il silenzio creava un'atmosfera di pace e tranquillità, interrotta solo dal suono rassicurante della locomotiva che avanzava lentamente attraverso quel mondo sospeso.

Aveva reagito con rabbia a quello che per lei era stato un tradimento da parte di Riccardo. Ora però aveva capito che anche lui era una vittima che pagava le conseguenze di scelte non sue. Aveva lasciato che la vecchia Selene rientrasse prepotentemente in scena con le sue paure, ed era stata lei a richiamarla. Di fronte alla paura si era rifugiata nei vecchi comportamenti. Ma la verità è che aveva solo paura di affrontare quel sentimento che si affacciava dentro di lei.

Riemergere da se stessi è tanto più difficile quanto più si è andati in profondità. E mentre i vagoni del treno serpeggiavano tra le montagne, Selene continuava quell'immersione.

Innamorarsi di nuovo non è facile, significa sfidare il gelo delle delusioni passate. È il coraggio di sciogliere il ghiaccio nei nostri sentimenti, anche se ogni goccia rappresenta un ricordo doloroso. La paura si era intrecciata con i suoi meccanismi di difesa per far tacere il cuore ed evitare di rimetterlo in gioco.

Il treno proseguì la sua corsa e le ore trascorsero in fretta, mentre Selene districava, un nodo alla volta, il labirinto dei suoi pensieri. All'orizzonte, tra i colori del crepuscolo, apparve Oslo. Avvicinandosi alla città, le luci si fecero più intense e brillanti. Il treno si fermò nella stazione che affacciava sul porto. Selene si perse nel fiume di persone che smontavano dai vagoni e si lasciò trasportare fino al molo, immerso in un'atmosfera vivace e movimentata, con maestose navi da crociera ormeggiate e un viavai di persone provenienti da tutto il mondo.

Di fronte a lei si innalzava il Palazzo dell'Opera. Le sue linee architettoniche pulite e moderne si riflettevano nelle acque dell'Oslofjord. Insieme ad altri turisti salì l'ampia scalinata di marmo bianco che conduceva fin sopra il tetto panoramico e lì si fermò a guardare l'orizzonte, mentre il vento le sfiorava il viso.

Prese il telefono e scrisse un messaggio a Riccardo.

Una volta ho venduto un libro a uno sconosciuto, e sul frontespizio ho scritto: «Non è mai un giorno qualunque se sei felice».

Ti mando questo messaggio da Oslo, sono sul tetto del Palazzo dell'Opera, da qui vedo tutta la città. Domani andrò finalmente a vedere L'urlo *di Munch. Sono riuscita a trovare un biglietto per l'ultimo ingresso della sera, dicono sia il momento migliore.*

Spero di godermi il quadro in tranquillità. So che un po' mi invidierai.

Selene

Inviò il messaggio, guardando il cellulare con il cuore in gola, poi tornò a confondersi in mezzo alla gente che affollava il molo.

La felicità è a portata di tre passi.
Primo passo: abbandona il passato.
Non significa cancellarlo, ma ricordarlo senza dolore,
poiché nel cuore c'è posto solo per ciò che è prezioso.
Secondo passo: amati nel presente.
Non per dovere, ma perché te lo devi.
Terzo passo: rinasci nel domani.
Non per tornare a respirare,
ma per vivere più di prima.

Il mattino seguente si risvegliò con il sole già alto all'orizzonte, la sua luce calda inondava la stanza. Aveva lasciato gli scuri aperti per il timore di non sentire la sveglia. Scivolò giù dal letto e si diresse verso la sala da pranzo dell'hotel per fare colazione.

Mangiò una fetta di deliziosa torta di carote, sorseggiando una tazza di tè caldo alla vaniglia. Uscì dall'hotel e si immerse nel cuore della città.

Visitò il Palazzo Reale, dove, grazie a un colpo di fortuna, assistette al cambio della guardia. Da lì si tuffò nell'atmosfera vivace di Grünerløkka, un quartiere noto per i suoi caffè accoglienti, i negozi di design e le affascinanti opere d'arte urbana che abbelliscono le strade. Si concesse una pausa e ordinò un caffè nero accompagnato da un *boller* norvegese, un piccolo panino tondo e dolce che si poteva trovare in tutte le caffetterie del quartiere.

Trascorse l'intera giornata all'insegna della leggerezza,

senza pensieri. Scrivere quel messaggio l'aveva liberata di un peso. Si sentiva esattamente dove voleva essere, al centro di una pagina bianca ancora tutta da scrivere.

Verso il tramonto costeggiò le rive del molo, circondato dalle tante saune di legno galleggianti, dalle quali i più calorosi, o i più coraggiosi, si tuffavano direttamente in mare. Giunse infine a pochi passi dal museo Munch, dove l'aspettava l'ultima tappa del giorno.

All'ingresso notò che la folla di visitatori si stava diradando, lasciandole la possibilità di godere dell'arte del pittore norvegese in una quiete quasi surreale. La luce, in quel lungo crepuscolo, penetrava nelle sale attraverso le grandi vetrate e donava un'atmosfera ancora più magica alle tele.

Selene si lasciò trasportare dalle storie che i quadri, uno dopo l'altro, intrecciavano in un unico grande racconto.

Arrivò al quarto piano, quello delle opere più celebri. La sala era praticamente vuota: le ultime persone stavano uscendo proprio mentre lei entrava. Un addetto alla sicurezza le ricordò che mancava un quarto d'ora alla chiusura e di lì a poco avrebbero iniziato a spegnere le luci. Un quadro in particolare le rubò gli occhi: *Notte stellata*. Restò a guardarlo finché non ci si ritrovò completamente immersa.

Le pennellate di colore si fecero talmente intense e concrete ai suoi occhi che le parve di poter toccare quei blu così profondi e quelle tonalità di lilla così brillante.

Poi sentì dei passi alle sue spalle. Pensò che fosse qualcuno dello staff arrivato a ricordarle di nuovo che il museo stava per chiudere.

Si sbagliava.

Appena si voltò il suo sguardo incontrò, invece, occhi molto familiari. Fu come se il mondo si fosse fermato in quell'istante, insieme al suo cuore.

Riccardo, di solito elegante e posato, aveva un aspetto trafelato. Doveva aver corso.

Selene sorrise. Lo guardò. Scosse la testa. Sorrise di nuovo. Non poteva essere più felice di essersi sbagliata.

Lui le si avvicinò lentamente, cercando di riprendere fiato. Restarono così, uno davanti all'altra, a pochi metri dal dipinto, sul fondo di quella sala ormai deserta.

«Questo starebbe davvero bene nella villa», disse lui, voltandosi verso la tela.

Anche Selene tornò a guardare il quadro. «Io invece dico che sta bene dove sta. Davanti a noi due.»

Erano lì, immobili, di fronte a quell'opera incantevole, le spalle così vicine che quasi si toccavano. Le loro mani sembravano attrarsi come calamite, sfiorandosi delicatamente.

«È il paesaggio che Munch vedeva dalla finestra dell'albergo in cui trascorreva le sue estati. Qui è dove si innamorò la prima volta.»

«Non dev'essere facile...» rifletté Selene ad alta voce.

«Dipingere un quadro così?»

«No, capirlo. Io non ricordo quando mi sono innamorata la prima volta», continuò Selene, senza smettere di osservare la tela. Si voltò verso di lui e aggiunse: «Tu sì?»

«No», le rispose Riccardo, affondando nei suoi occhi. «Ma ricordo bene l'ultima.»

Epilogo

Ci sono quattro amici seduti intorno al tavolo, i bicchieri di vino mezzi vuoti e le posate che tintinnano sui piatti. Nella sala aleggia ancora il profumo delle lasagne alla bolognese. Attorno a loro ci sono decorazioni natalizie, fili di luci argentate e un albero elegantemente addobbato. Due bambini si divertono a svuotare lo scaffale di una libreria, le loro risate si mescolano alle voci degli adulti, mentre dallo stereo Ornella Vanoni canta «L'appuntamento».

Fuori, il giardino della villa è coperto da uno spesso manto di neve. Le rose, i vialetti di ghiaia, la fontana con la statua di Asclepio: tutto è avvolto dal biancore che riluce silenzioso sotto il cielo notturno.

Oltre il parco, oltre il suo grande cancello in ferro battuto, le colline bolognesi si allargano come onde di un mare calmo che abbraccia la campagna.

Selene, Riccardo, Adrian e Carla finiscono di cenare mentre Enea e Rachele, la piccola ribelle di famiglia, ora sembrano essersi calmati e sfogliano le pagine di un atlante illustrato, sdraiati sul tappeto ai piedi del camino.

«Sei diventata brava, Carla!» commenta Riccardo alzandosi da tavola per ravvivare il fuoco.

«Quindi l'allieva ha superato la maestra?»

«Non esagerare... Diciamo che queste lasagne se la giocano con le mie», è costretta ad ammettere Selene.

«Mi ci sono voluti solo otto anni di pratica...»

«E il mio stomaco a farti da cavia!» esagera Adrian, guadagnandosi uno sguardo affilato di Carla.

«Aspettate di assaggiare il mio tiramisù...» dice Riccardo spostandosi in cucina.

«Mamma, sono stanca adesso. Voglio andare a letto!» protesta Rachele dal tappeto.

«Anch'io!» le fa eco Enea.

«E allora adesso ci infiliamo sotto le coperte, così mamma vi racconta una storia», risponde Carla, alzandosi. «Prima, però, a lavare i denti!»

«Ma io voglio anche il papà!» protesta Enea.

Carla e Adrian si guardano complici. «E va bene», dice lui mentre si avviano verso le stanze degli ospiti, «andiamo a letto a sentire la storia della mamma. E speriamo resti un po' di tiramisù per quando torniamo...»

«Che storia vi racconta la mamma?» chiede Selene.

«Una di quelle che finiscono con 'e vissero felici e contenti'», le risponde Carla, voltandosi un istante prima di uscire dalla sala.

Selene e Riccardo rimangono soli.

«Libero un po' il tavolo», dice lui raccogliendo qualche piatto. Lei si inginocchia davanti alla libreria per rimettere a posto i libri sparsi, e mentre riordina i dorsi dei volumi uno in particolare attira la sua attenzione. Con delicatezza, passa una mano sulla copertina del libro. È il romanzo dello scrittore portoghese che stava leggendo il giorno in cui Riccardo aveva varcato la soglia della libreria per entrare nella sua vita.

Lui se ne accorge, sorride e si avvicina per sedersi a terra accanto a lei.

I pensieri di Selene corrono veloci sulla sua vita e sulla loro storia.

Quando aveva aperto per la prima volta quel libro non avrebbe mai immaginato che nel giro di poco la sua vita sarebbe cambiata del tutto. Pensava di essere una donna «quasi» completa, ma la verità è che quel «quasi» non era mai esistito: era semplicemente il sintomo di un vuoto più grande. Quella che credeva la sua casa era invece un ricordo che doveva imparare a lasciare andare, e quello che credeva essere l'uomo giusto aveva finalmente capito che non sarebbe stato giusto per sempre.

Il punto è che non devi trovare una risposta a tutto per poter fare le scelte che possono renderti felice. Va bene perdersi, cambiare, avere paura, cercare di capire, tornare indietro, cadere, rialzarsi.

L'amore arriva sempre all'improvviso, ma non resta uguale per sempre.

Adrian e Carla si erano innamorati, poi lasciati e infine

ritrovati in un amore nuovo. Lei invece aveva avuto bisogno di incontrare una nuova persona per capire come voleva essere amata.

A volte si ritrova l'amore negli stessi occhi; altre volte, per tornare a riconoscerlo, abbiamo bisogno di incontrare nuovi sguardi.

Forse nella vita c'è un solo e unico grande amore, ma il segreto da tenere in mente è che in ogni vita possiamo vivere molte vite.

Certificato PEFC

Questo prodotto è realizzato con materia prima da foreste gestite in maniera sostenibile e da fonti controllate

PEFC™
PEFC/18-31-226

www.pefc.it

GRAFICA VENETA
GV CARBON NEUTRAL

Questo libro è fabbricato da Grafica Veneta S.p.A.
con un processo di stampa e rilegatura certificato 100% carbon neutral
in accordo con PAS 2060 BSI

Finito di stampare presso Grafica Veneta S.p.A.
Via Malcanton, 2 – Trebaseleghe (PD)
Printed in Italy